工程审计数字化
与数字化工程审计：
理论与实践的交汇

张协仪 著

重庆大学出版社

内容提要

本书深入探讨了工程审计数字化(Digitization of Engineering Audit)与数字化工程审计(Digital-Engineering Audits)的理论与实践，分析了新兴技术如何提升审计效率、准确性和可靠性，并通过案例分析展示了数字化工具在工程审计中的应用。全书从理论基础到技术应用层层递进，结合跨学科合作与数据治理，提出了推动工程审计可持续发展的路径。本书由"江苏特聘教授"科研项目(D21006200113)资助，旨在构建工程审计数字化转型的初步理论基石与实践指南。

图书在版编目(CIP)数据

工程审计数字化与数字化工程审计：理论与实践的
交汇／张协仪著. -- 重庆：重庆大学出版社，2025.
3. -- ISBN 978-7-5689-5207-1

Ⅰ. F239.63

中国国家版本馆 CIP 数据核字第 2025GG1820 号

工程审计数字化与数字化工程审计：
理论与实践的交汇

GONGCHENG SHENJI SHUZIHUA YU SHUZIHUA GONGCHENG SHENJI；LILUN YU SHIJIAN DE JIAOHUI

张协仪 著

策划编辑：林青山

责任编辑：杨育彪　　版式设计：林青山
责任校对：刘志刚　　责任印制：赵 晟

*

重庆大学出版社出版发行
出版人：陈晓阳
社址：重庆市沙坪坝区大学城西路21号
邮编：401331
电话：(023) 88617190　88617185(中小学)
传真：(023) 88617186　88617166
网址：http://www.cqup.com.cn
邮箱：fxk@cqup.com.cn(营销中心)
全国新华书店经销
重庆亘鑫印务有限公司印刷

*

开本：787mm×1092mm　1/16　印张：9.75　字数：227 千
2025 年 3 月第 1 版　　2025 年 3 月第 1 次印刷
ISBN 978-7-5689-5207-1　定价：59.00 元

前　言

　　工程审计对确保工程项目合规性、质量和效益至关重要。随着数字化技术的发展,数字化工程审计成为新兴领域,尤其在《中华人民共和国审计法》修订后,对电子数据和文档处理的及时性、真实性和完整性提出了更高要求。本书旨在探讨数字化工程审计的概念、方法和发展路径,为研究者、从业人员和决策者提供参考。数字化变革正在改变审计方式,传统审计方法正被自动化、智能化和数字化工具取代。数字化工程审计利用先进技术和数据分析方法提高审计效率、准确性和可靠性,包括使用数字化工具处理大数据和利用人工智能、机器学习等技术发现问题和风险。

　　本书详尽探讨了审计与工程审计的现状、区别和联系,指出审计关注财务真实性与合规性,而工程审计则涉及更专业的技术知识,两者均旨在维护公共利益和加强财务管理。第一章强调了新兴技术在提升审计效率和准确性方面的作用,特别是风险导向审计和独立性的重要性。第二章比较了数字化工程审计与传统审计,突出了数字化在提高审计流程效率和准确性方面的优势,如数据采集、模型构建和自动化分析,以及虚拟现实等技术的应用。第三章深入研究了工程审计数字化的理论基础和技术应用,如数据科学和统计学,以及它们如何相互支持和推动领域发展。第四章探讨了数字化工程审计的技术应用,包括信息系统和数据管理,强调了它们在提升审计质量和效率中的作用。第五章介绍了科研方法,强调跨学科合作和数据治理的重要性,同时提出了区块链技术在提升审计可信性和安全性中的应用。第六章通过文献分析,总结了工程审计数字化的流程框架,并提出了建议。第七章通过案例分析,将理论与实务相结合,探讨了数字化工具在工程审计中的应用。第八章回顾了全书内容,总结了工程审计数字化的核心机理和实践案例,为未来研究提供了方向和建议。

　　本书深入剖析工程审计数字化与数字化工程审计的科研方法与发展路径,推动工程审计效率、质量和可持续发展,为研究者和从业人员提供支持与指导。我们期待本书的内容能够激发读者的思考,推动工程审计数字化与数字化工程审计的发展与创新。

　　最后,在本专著的完成过程中,我们对参与的学生们——王琪、张宇帆、韩旭、高伟航、张雨桐(研究生)以及冯江涛、刘纹竹、何韵怡(本科生)——表示衷心的感谢。他们的贡献对书籍的组织、编辑和校对至关重要。

著　者

2024 年 10 月 24 日

目　录

第一章 审计与工程审计

第一节 审计的现状

　　审计是一项重要的财务管理工具,旨在评估组织的财务状况、内部控制和合规性,以确保财务报表的准确性和可靠性。在中国,审计理论以国家法律法规为指导,主要基于中国特色社会主义制度和市场经济体制下的财务审计准则。审计的目标是维护社会秩序和公共利益,强调账务真实性、合规性和公开透明。中国审计是国家治理的重要组成部分,具有政府主导、行政性强、法律制度相对完善等特点。而国外审计则以注册会计师为主导,市场化程度较高,具有独立性强、自主性高等特点,但通常都遵循国际准则和国家相关法律法规,强调保护投资者权益和促进经济发展。其次,在审计操作方面,中国的审计机构通常由政府部门承担,如审计署,侧重于政府和公共机构的审计。在私营企业方面,也存在许多国家批准的注册会计师事务所,负责审计企业的财务报表。国外审计机构的组织形式可能各不相同,既有由政府监管的机构,也有市场化的私人会计师事务所,负责企业和政府机构的审计。目前,审计监管模式大致可分为四种类型:行政型、立法型、司法型和独立型。其中,行政型以中国为典型代表,立法型以美国为主要范例,司法型以法国为代表,而独立型则以德国为典范。表1-1详细阐述了这些模式在各代表国家的审计对象、审计侧重点、隶属机构及权力范围等方面的差异,以便更清晰地展现国内外政府审计之间的区别。

表1-1　政府审计的国内外差别[1]

	中国(行政型)	美国(立法型)	法国(司法型)	德国(独立型)
审计对象	政府财政支出、国有企事业单位与金融机构	联邦政府各部门的公共事项的审计;每个政府项目的资金流向与政府工作的高风险领域	对涉及公共资金的部门和企业进行审计;分为强制性审计与非强制性审计	财政预算执行和非财政资金的管理;关注预算资金的合法合规性、绩效性

续表

	中国（行政型）	美国（立法型）	法国（司法型）	德国（独立型）
侧重点	重点关注政府、国有企事业单位的预决算；对党政机关干部进行经济责任审计；专项资金审计	重点涉及国防、国土安全领域、财政的可持续性等	关注公共账户与公共资金的真实性、合法性与效益性；对公共政策的绩效审计	重点关注政府投资较大和公众关注较多的领域
隶属机构	审计机构隶属于政府机构，直接对政府负责，根据政府赋予的职责权限实施审计	审计机构隶属于立法部门，即议会，直接对议会负责，具有很强的独立性	审计法院独立于议会与立法部门	审计机关独立于行政、立法、司法三权之外，不隶属于任何权力部门和国家机构
权力范围	审计机关具有经济检查权和制裁权、行政处罚权、调查权和报告权、审计结果公布权	审计机关只有调查权，没有处理处罚权，不能直接下达审计决定，能通过公开审计结论对资金使用者产生约束	审计机关除具有审计职能外，司法判决具有终审效力；有权直接对违反财经法规、制度的人和事进行处理、处罚	审计机关对公共财政项目进行审计，对议会和政府提交年度审计报告、提出审计建议，但建议并非强制执行

审计在全球范围内都发挥着重要的作用。首先，在审计的制度体系方面，国际审计准则委员会（IAASB）制定的国际审计准则（ISA）已被全球各地的审计实践广泛采用，以确保审计的一致性和质量。许多国家也制定了自己的国家审计准则，以满足本国的法律和监管要求，这些准则为审计师提供了指导和标准，以维护审计的独立性、客观性和公正性。其次，新兴技术的应用提高了审计的效率和准确性。这些技术包括数据分析、人工智能、区块链等，可以帮助审计机构更好地挖掘和分析数据，从而更准确地评估风险和控制问题。此外，风险导向的审计是当前审计工作的一个重要特征。审计师越来越注重识别和评估企业和组织面临的风险，并通过对内部控制的有效性和业务的可持续性进行评估，提供更具备风险警示和价值的审计报告。这种审计方法有助于提高审计的针对性和效果，为利益相关者提供更可靠的财务和业务信息。同时，防范欺诈行为是审计师的重要职责之一。在审计过程中，审计师需要具备发现和报告潜在欺诈行为的能力，以维护财务报表的真实性和公共利益。通过加强内部控制和风险管理，审计师可以更好地履行这一职责，提高财务报表的可靠性和透明度。独立性是审计的核心价值之一。为了确保审计工作的客观性和中立性，各国都有具体的法规和伦理准则来保障审计师的独立性。这些规定要求审计机构和审计师保持独立地位，不受任何不当影响，从而提供可靠的审计服务。

随着企业社会责任意识的提高，越来越多的企业开始重视财务报表审计和社会责任报告审计。通过这些审计，企业可以向内外部利益相关者证明其财务和非财务信息的准确性和透明度，进而增强信任并促进可持续发展。此外，国际合作和交流在审计领域也日益加强。国际审计网络和跨国审计公司在全球范围内共享经验、合作培训、交流最佳实践，以提高审计质量和水平。这种合作和交流有助于各国审计机构共同应对全球性的挑战，促进国际间的合作与互信。随着可持续发展概念的普及,环境、社会和治理(ESG)方面的审计也受到越来越多的关注。这种审计通过评估组织的可持续性表现和信息披露,帮助投资者和利益相关者更好地了解组织的 ESG 风险和机会。这有助于推动企业关注环境保护、社会责任和治理方面的问题,促进可持续发展。基于风险的审计方法是当前审计发展的一个趋势。这种审计方法使审计更加灵活,能够适应持续变化的商业环境。最后,跨境审计监管也是当前全球审计环境中的一个重要方面。随着全球经济一体化程度的加深,跨境审计的监管也日益重要。各国审计监管机构加强合作,共同制定审计工作的标准和要求,以确保跨境审计的质量和一致性。这有助于防范已挂名、空壳公司等问题,促进跨境业务的合规性和稳健性。

　　同时,审计在中国和全球范围内也都面临着一些挑战和发展的机遇。面对这些挑战,审计行业也具备许多发展机会。表 1-2 总结整理了以上四点为审计带来的挑战与机遇。此外,积极推动国际合作和交流也可以促进各国之间共享经验和最佳实践,将共同应对全球性的挑战并推动行业的发展。

表 1-2　审计的挑战与机遇

	挑战	机遇
技术和数字化驱动	正确使用这些技术并确保数据安全和质量	新兴技术的应用提高了审计的效率和准确性,可以帮助审计机构更好地挖掘和分析数据,从而更准确地评估风险和控制问题
国际化和跨境审计要求	为保障审计的质量与一致性,审计人员对多个地区审计准则、语言、文化的掌握要求更高	积极推动国际合作和交流也可以促进各国之间共享经验和最佳实践
独立性和诚信	遵守职业道德准则并保持独立性,以避免利益冲突和偏见。同时,保护客户信息和保密性,并积极维护行业声誉和信任	政府可以加强监管力度来确保行业的质量和独立性
风险管理	根据风险导向的审计方法来关注重大风险和内部控制问题,并提供相应的风险管理建议。此外及时了解和遵守相关的法律法规和监管政策,以确保审计工作的合规性和准确性	降低审计风险、提高信息的准确度与审计报告的合规性

第二节　工程审计的现状

　　在中国,工程审计非常重视对项目管理的评估,包括合同履行、财务管理、进度控制和质量保证等方面。这些方面都是项目管理的重要环节,直接关系到项目的质量和效益。工程审计所遵循的法律法规体系十分完备且丰富,为审计工作的顺利开展提供了坚实的法制保障,确保审计过程的合规性、公正性和准确性,其中包括《中华人民共和国审计法》《中华人民共和国土地管理法》《中华人民共和国建筑法》等。例如《中华人民共和国建筑法》第四条规定,建设单位应当依法委托建设工程设计、施工、勘察、监理、试验、检测、评估、招标、采购等工作,严格按照法律、法规和工程技术标准和规范进行。国家法律法规规定并指导了工程建设的全生命周期,并为审计人员在审查工地各方面合规性时提供了明确的指导。

中国的工程审计通常由政府审计机关进行监管,这些机关包括审计署、各级审计机关等。这些机关在工程审计中扮演着重要的角色,既要对工程项目的资金使用情况进行审计,还要对项目的管理、实施等情况进行评估。比如,审计署在对一个高速公路项目进行审计时,会对项目的可行性研究、立项审批、勘察设计、招标投标、合同履行、财务管理、进度控制、质量管理等方面进行全面的审查。如果发现存在违规或管理不善等问题,将会对相关责任人进行追责处理,以保证项目的质量和资金的安全。中国的工程审计在法律法规、政府监管和项目管理等方面都发挥着重要的作用。这些作用不仅有助于保障项目的质量和资金的安全,还有助于促进项目的管理和实施水平的提高。同时,随着中国经济的不断发展和工程管理水平的不断提升,工程审计还将继续发挥着越来越重要的作用。

与之相比,国外的工程审计通常遵循国际准则和国家相关法规,这其中最具有代表性的包括美国的建筑产业审计标准(Construction Industry Audit Guide)和国际审计准则。这些准则是由专业机构制定并更新的,旨在为审计师提供在工程项目中进行审计的指导和标准。图 1-1 是工程审计国内外流程对比图,直观地显示了国内外工程审计流程的区别。以美国的建筑产业审计标准为例,该标准为审计师提供了从项目立项到竣工整个过程的审计指南,包括对合同管理、成本控制、施工组织、质量控制等方面的详细规定。同时,该标准还强调了审计师需要对工程项目可能面临的风险进行识别和评估,以更好地控制项目的财务和运营风险。

国际审计准则是由国际审计与鉴证准则理事会(IAASB)制定,旨在提供给全球范围内的审计师使用的审计标准。这些标准涵盖了财务报表的审计、内部控制审计、治理审计等多个方面,确保了工程项目在遵循财务和运营规范上的可靠性。国外的工程审计通常由私人会计师事务所或专门的审计机构承担,市场竞争和客户需求推动了审计行业的发展和创新。这些审计机构往往会通过提供专业的审计服务来满足不同客户的需求。比如,一些大型的私人会计师事务所,如普华永道(PwC)、毕马威(KPMG)等,会提供全方位的审计服务,包括财务审计、内部控制审计、合规性审计等。同时,他们也会根据客户的需求,提供定制化的审计服务,如针对特定项目或业务的专项审计等。在这种市场化的环境下,审计机构间的竞争也日益激烈。为了赢得客户和市场,他们需要不断提高自身的专业能力和服务水平,同时也需要积极拥抱新技术和创新,以提高审计工作的效率和准确性。

在中国,工程审计几乎都由专业审计机构或注册会计师事务所承担。这些机构通过对建设过程的财务报表、合同和文件的审阅,以及现场实地调查,来评估工程的执行情况、进度和费用是否符合规定和合同要求。工程审计还包括监督合同的履行、合规性检查、风险评估等方面。国外的工程审计实践可能因国家和地区而异,但通常也会注重类似的审查和评估,并由第三方执行,更强调风险管理、项目管理和合同履行等方面。

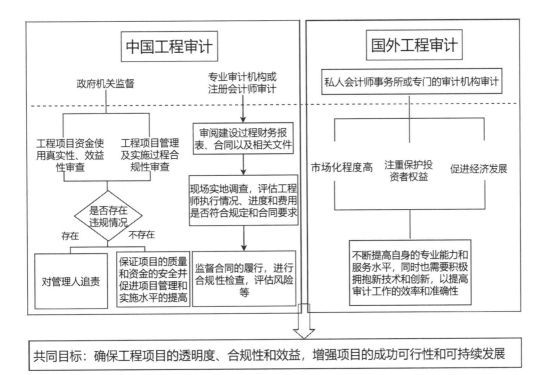

图 1-1　工程审计国内外流程对比图

第三节　审计和工程审计的不同之处

一、审计对象和目的

　　审计和工程审计之间的差异在于它们的对象和目的。审计是一种用于评估和验证财务报告、内部控制和其他企业活动的独立过程,而工程审计则是对工程项目的管理、技术、财务等方面进行评估和验证。

　　首先,审计是一种对组织、机构或个人的财务报表和相关信息进行独立、客观和全面评估的过程。审计的对象包括企业、政府机构、非营利组织等。它主要关注财务报表的真实性、合规性和可靠性,以及评估内部控制系统的有效性。审计侧重于提供准确的财务信息,以支持投资者、债权人和其他利益相关方做出决策。最新的法规和法律包括《中华人民共和国会计法》和《中华人民共和国审计法》,这些法规和法律规定了审计的范围、程序和职责。

　　而工程审计是对建设工程项目进行财务、技术和管理方面的审查和评估。工程审计的对象是工程项目,包括基础设施建设、房地产开发等。它关注工程项目的合规性、可行性、进展情况和风险管理等方面。工程审计在项目实施前、中和后都有不同的检查和评价内容,如施工合同的履行情况、工程质量的评估、预算效益等。除《中华人民共和国会计法》和《中华人民共和国审计法》外，也需要参考《建设工程质量管理条例》《中华人民共和国建筑法》和其他相关的法规准则。

其次，审计与工程审计在审计对象上的差异导致了它们在审计方法和程序上的不同。审计工作往往涉及财务报表审计、内部控制审计以及合规性审计等多种手段，旨在通过搜集证据、评价财务报表和内部控制体系的有效性，以及审视企业的运营和管理流程。相对而言，工程审计则侧重于项目管理审计、质量审计和财务审计等方面，对工程项目的各个阶段进行细致的评估与核实，确保项目依照既定标准推进，并达成既定目标。

总结来说，鉴于审计与工程审计在审计对象上的显著区别，这不可避免地影响了它们的审计重点及所采用的审计方法。尽管如此，两者均隶属于审计范畴，其共同的根本目标是确保审计目标的有效实现。具体而言，审计主要聚焦于财务报表及内部控制的细致审查，而工程审计则更偏向于对建设工程项目的全方位评估与管理。随着最新法规和法律的持续完善与更新，审计与工程审计领域得到了更为明确的指导和规范。这些法规和法律的有效执行，对于维护审计与工程审计的品质与可信度发挥着举足轻重的作用，并有力保障了相关工作的合规性开展。

二、审计范围

审计是指对组织、企业、机构或个人的财务状况、业务活动和内部控制等方面进行独立、客观、全面的评估和审查。审计的目标是评估并提供可靠的财务信息和合规性的保证，以支持关键利益相关方的决策。审计广泛应用于各个领域，包括商业、非营利组织和政府。它旨在评估财务报表的准确性、合规性和真实性，为关键利益相关方提供可靠的信息。工程审计旨在全面评估项目管理的合同履行、财务管理、进度控制及质量保证等关键环节，确保财务报表的准确性、合规性和真实性，从而为关键利益相关方提供可靠信息，进而保护公众利益、增强透明度与合规性，并提升财务报表的可信度。

工程审计是审计范围的一部分，主要专注于评估建设工程项目的财务、技术和管理方面。工程审计的目标是确保工程项目的合规性、效益和风险管理，并对工程项目的实施进度、质量控制、资源利用等方面进行审查。工程审计的范围涵盖了从工程的计划和设计阶段到施工、竣工和验收阶段的全过程管理。

近年来，随着《中华人民共和国审计法》的修订与实施，国内审计领域迎来了新的变革。该法律不仅强化了公共利益导向、审计独立性以及国家监管原则，还推动了审计领域的规范化和现代化进程。新修订的法律明确了审计机关的职责与权限，并详细规定了审计过程中发现问题及违规行为的处理流程和机制，为审计工作的顺利开展提供了坚实的法律保障。

审计与工程审计在审计范围上既存在相似之处，又具有显著差异。首先，从适用范围来看，审计具有广泛的适用性，可以涵盖各类经济实体，如企业、非营利组织和政府机构等。这些实体在财务状况、业务活动和内部控制方面各具特点，因此审计需要根据被审计对象的实际情况进行灵活调整。相比之下，工程审计则专注于建设工程项目，涉及工程设计、施工、验收等高度专业性和技术性的环节,需要审计人员具备相应的专业知识和经验。

其次,两者在审查内容上存在差异。审计主要侧重于财务状况、业务活动和内部控制的评估,旨在了解被审计对象的财务状况是否健康、业务活动是否合规以及内部控制是否有效。而工程审计则更注重项目的合同履行、财务管理、进度控制和质量保证等方面,这些方面直接关系到项目的成功与否以及公众的切身利益。

再次,两者在专业要求上也存在显著区别。审计主要由会计师和审计师执行,他们具备丰富的财务知识和审计技巧,能够运用专业的会计和审计方法对被审计对象的财务报表和内部控制进行评估和分析。而工程审计则需要工程经济和技术人员的参与,他们具备工程项目管理的专业知识,能够深入理解项目的特点和需求,从而进行有针对性的审查。这种专业要求的差异使得审计和工程审计在人员配备和专业技能上各具特色。

最后,在应用领域方面,审计广泛应用于商业、非营利组织和政府等多个领域,这些领域在财务状况、业务活动和内部控制方面存在差异,但都需要通过审计来确保信息的可靠性和合规性。相比之下,工程审计则主要集中在建筑和相关工程领域,这些领域具有高度的专业性和技术性,需要审计人员具备相应的专业知识和经验。这种应用领域的差异使得审计和工程审计在服务对象和范围上各具特色。

通过对审计与工程审计的审计范围进行深入研究,我们可以更加清晰地理解两者的本质特征和内在联系。这不仅有助于推动审计理论的发展和完善,还能为审计实践提供有益的指导。首先,通过比较两者的共同点,我们可以发现审计在确保信息可靠性和合规性方面的重要作用,为审计工作的顺利开展提供理论基础。其次,通过分析两者的不同点,我们可以明确审计和工程审计在审计对象、内容、专业要求和应用领域等方面的差异,为审计人员在实际工作中提供有针对性的指导。这种研究不仅有助于提升审计工作的效率和质量,还能为政策制定者提供有益的参考信息,推动审计领域的持续发展和进步。

三、技术专业性

审计是一个涵盖了财务、会计、税务、经济、法律等多个学科领域的综合性学科,其技术专业性主要体现在对财务报告、财务比率、会计准则、税务政策等内容的理解和运用上。审计师需要具备深厚的财务和会计知识,能够通过使用适当的审计程序和技术,对被审计单位的财务报表进行详细分析和审核,以评估其真实性、完整性和准确性。此外,审计师还需要了解相关法规和政策,以确保被审计单位财务报告符合会计准则和法规要求。例如,审计师需要验证企业的资产负债表、利润表和现金流量表等财务报表,以评估被审计单位的财务状况和经营业绩。

工程审计则更加强调技术专业性,需要运用工程技术、项目管理、质量控制等多个学科领域的知识和技能。审计人员需要了解工程项目的整体情况,包括项目的规模、技术难度、施工周期、预算等因素,然后运用工程审计技术和方法,对工程项目的各个阶段进行详细的分析和评估。这包括对工程项目的设计方案进行审查、对工程的施工过程进行监测和控制、对工程材料和设备的质量进行把关等。工程审计师还需要了解相关的工程项目管理法规和标准,以确保工程项目符合规定要求和质量标准。举例来说,假设有一家大型桥梁建设公司需要进行工程审计。审计师首先需要对桥梁的设计、施工方案、材料选用等各方面进行详细的审查和分析。他们需要判断该公司在工程技术和管理方面是否存在问题,例如是否存在安全隐患、是否符合环保要求等。在这个过程中,审计师需要运用深厚的工程知识和相关经验,以准确评估该公司的工程技术和管理水平。

除以上提到的差异外,审计和工程审计还在其他方面存在一定的差异。例如,在审计方面,除了基本的财务和会计知识外,审计人员还需要了解企业的内部控制体系和风险管理等方面的知识,以更好地评估企业的运营状况和风险水平。而在工程审计方面,从事工程审计的审计人员除了基本的技术和项目管理知识外,还需要了解相关的环境保护、质量安全等方面的法规和标准,以确保工程项目的可持续发展和质量安全。

总的来说,审计和工程审计在技术专业性上存在明显的差异,主要体现在所需的专业技能、应用的技术方法和所需的专业知识上。表1-3全面对比了审计与工程审计在审计对象、审计程序与方法、审计目标、审计范围、学科涵盖、专业性等方面的显著差异。但无论是审计还是工程审计,都需要遵循独立性、客观性和公正性的原则,以确保审计结果的可信度和有效性。在大数据时代,审计机关可以运用大数据技术和思维,探索审计组织模式和技术方法创新,推动数字化审计工作取得新突破。

表1-3 审计与工程审计的不同

	审计	工程审计
审计对象	企业、政府机构、非营利组织等	建设工程项目进行财务、技术和管理方面
审计程序与审计方法	财务报表审计、内部控制审计、合规性审计等	项目管理审计、质量审计、财务审计等
审计目标	评估并提供可靠的财务信息和合规性的保证,以支持关键利益相关方的决策	确保工程项目的合规性、效益和风险管理,并对工程项目的实施进度、质量控制、资源利用等方面进行审查
审计范围	应用于各个领域,包括商业、非营利组织和政府	从工程的计划和设计阶段到施工、竣工和验收阶段的全过程管理
学科涵盖	涵盖了财务、会计、税务、经济、法律等多个学科领域的综合性学科	运用工程技术、项目管理、质量控制等多个学科领域的知识和技能
专业性	需要具备深厚的财务和会计知识,能够通过使用适当的审计程序和技术	需要了解工程项目的整体情况,包括项目的规模、技术难度、施工周期、预算等因素

第四节　审计和工程审计的联系

　　审计和工程审计之间存在密切的联系。两者都是为了保障和维护企业或组织的经济和管理活动的正常、合法、有效而产生的。首先,审计和工程审计都是以评估和审查为目的,旨在提供可靠的信息和建议。审计是对组织、企业、机构或个人的财务状况、业务活动和内部控制进行全面评估的过程。它旨在确保被审计对象的财务报表准确反映其财务状况、经营成果和现金流量,同时揭示可能存在的舞弊、错误或不合规行为。工程审计则是对建设工程项目的全过程管理进行全面审查,包括计划、设计、施工、竣工等各个阶段。它不仅关注项目的财务状况,还涉及项目的合规性、效益和风险管理等多个方面。因此,无论是审计还是工程审计,都强调对审计对象的全面评估,以确保信息的真实性和完整性。并且,审计和工程审计都关注内部控制的评估和提升。内部控制是组织保障经营活动有效性和合规性的关键机制,对财务报表的准确性和可靠性起着重要作用。审计和工程审计都需要评估和监控内部控制体系的有效性,以确保组织的财务和工程活动得到适当管理和控制。其次,两者的目标一致。审计的目标是提供可靠的财务信息和合规性保证,以支持决策者的决策过程。通过审计,可以发现并纠正财务报表中的错误和舞弊行为,提高信息的透明度和可信度。同样,工程审计的目标也是确保项目的合规性、效益和风险管理水平,以保护公众利益。通过工程审计,可以及时发现并解决项目实施过程中存在的问题,确保项目的顺利进行和最终目标的实现。

　　此外,无论是审计还是工程审计,都高度关注信息的可靠性。审计需要评估财务报表的准确性、合规性和真实性,以确保被审计对象的财务状况得到真实反映。工程审计则需要关注财务报表的准确性,以及项目实施过程中的各项关键指标,如工程进度、成本控制、质量控制等。这些信息的可靠性对于决策者来说至关重要,因为它们直接影响到决策的正确性和有效性。

　　审计和工程审计都需要遵守相关的法律法规。审计需要遵守《中华人民共和国审计法》《中华人民共和国会计法》等法律法规,而工程审计则需要遵守《中华人民共和国审计法》《中华人民共和国民法典》《中华人民共和国招标投标法》等相关法律法规。

　　举例来说,假设有一家大型国有企业要对一项重点工程建设项目进行审计。在这个过程中,审计师需要对工程项目的财务状况进行审计,确认是否存在财务风险和不合规行为。同时,他们还需要对工程项目的实施过程进行审计,确认工程项目的施工组织、技术设计、质量标准等方面是否存在问题。对于该国有企业的财务报表和财务状况进行审查和评估时,需要遵循《中华人民共和国会计法》《中华人民共和国审计法》等相关法律法规的要求;对于该重点工程建设项目的实施过程和财务状况进行审查和评估时,需要遵循《中华人民共和国民法典》《中华人民共和国招标投标法》《中华人民共和国建筑法》等相关法律法规的要求同时,审计师还需要采用一些工程审计的方法和技术,例如对工程图纸的审核、对施工现场的勘查、对工程量的测量等,这些方法和技术在工程审计中可以帮助审计师更加准确地了解工程项目的实际情况,提高审计的准确性和效率,在这个过程中,审计师还需要与工程师和其他专业人员合作,共同解决工程项目中存在的问题。

从数据分析角度,审计和工程审计都需要进行数据分析。审计师需要对企业的财务报表和财务数据进行详细的分析,以发现潜在的财务风险或欺诈行为。工程审计师需要对工程项目的数据进行分析,从而能够了解工程进度、成本和质量控制等方面的情况。风险评估和控制:审计和工程审计都重视风险评估和控制。审计师通过评估企业的内部控制体系,识别潜在的风险,进而对企业进行全面的风险评估。工程审计同样需要对工程项目实施过程中的各种风险进行评估,如技术风险、财务风险、质量风险等,以便采取必要的控制措施。在审计领域,数据分析主要用于对企业的财务报表进行全面、客观、独立的评估和验证。审计师需要从企业的财务数据中找出异常趋势、错误记录、欺诈行为等潜在问题。例如,审计师可能会使用数据分析技术来比较不同年份的财务数据,以识别任何可能表明欺诈行为或错误记录的模式。此外,数据分析还可以帮助审计师确定财务报表中的重要信息,如销售收入、成本和利润等,这些信息对于评估企业的财务状况和经营绩效至关重要。在工程审计领域,数据分析主要用于对工程项目或工程的财务、技术、质量、进度等方面进行全面、客观、独立的评估和验证。工程审计师需要从工程项目的各种数据中找出可能的问题,如成本超支、进度延误、质量不达标等。工程审计师可能会使用数据分析技术来分析工程项目的成本数据,以确定是否存在成本超支的问题。此外,数据分析还可以帮助工程审计师了解工程项目的进展情况,如工程的进度和质量控制等,这些信息对于评估工程项目的实施状况和效益至关重要。除了在各自领域的应用外,审计和工程审计在数据分析方法和工具上也有相似之处。两者都可能使用相似的软件工具进行数据分析,如 Excel、SPSS、Python 等。此外,两者在数据分析过程中也都需要应用一些基本的数据分析原则和方法,如描述性统计、推论统计、预测分析等。这些原则和方法可以帮助审计和工程审计师更好地理解数据,发现数据中的异常和趋势,以及制定更准确的决策。

此外,审计和工程审计的密切联系还表现在以下几个方面。

促进企业或组织的合规性:审计和工程审计都是为了确保企业或组织的经济和管理活动符合法规法律要求,并避免不合规行为带来的风险。审计师需要对企业的财务报表、内部控制、合规性等方面进行全面审查,以促进企业的合规性。工程审计师则需要对工程项目的实施过程、材料使用、环境保护等方面进行审查,确保工程项目的合规性。

决策支持:审计和工程审计都可以为企业或组织的决策提供有力支持。审计师可以通过对企业的财务、业务、合规性等方面的审计,提供全面的决策支持。工程审计师则可以通过对工程项目的评估、审查和监督,提供关键的决策支持,以确保工程项目的顺利实施。

改进管理:审计和工程审计都可以帮助企业或组织发现管理中的不足之处,进而推动管理的改进。审计师可以通过评估企业的内部控制、风险管理等方面,发现管理中的不足,提出改进意见。工程审计师则可以通过对工程项目实施过程中的管理问题进行审查,提出具体的改进措施,以提高工程管理水平。

促进企业或组织的发展:审计和工程审计不仅是对企业或组织的经济和管理活动进行监督和评估,还具有促进企业或组织发展的作用。通过发现企业或组织存在的问题,审计可以帮助企业或组织进行改进,提高效率和质量,进而促进其发展。同样,通过评估工程项目的财务和技术状况,工程审计可以促进工程项目的顺利实施,为企业或组织的发展做出贡献。

综上所述,审计和工程审计在评估、管理和监控组织财务和工程活动方面发挥着重要作用。两者紧密联系,共同促进透明度、合规性和风险管理。通过专业的审计和工程审计实践,可以保障组织的财务和工程活动得到科学有效的管理,从而为组织的可持续发展做出贡献。

第五节　章节结论

本章比较了审计和工程审计的现状、不同之处和联系。审计是一项重要的财务管理工具,旨在评估组织的财务状况、内部控制和合规性,以确保财务报表的准确性和可靠性。在中国,审计理论以国家法律法规为指导,主要基于中国特色社会主义制度和市场经济体制下的财务审计准则。审计的目标是维护社会秩序和公共利益,强调账务真实性、合规性和公开透明。许多国家也制定了自己的国家审计准则,以满足本国的法律和监管要求。这些准则为审计师提供了指导和标准,以维护审计的独立性、客观性和公正性。

此外,防范欺诈行为是审计师的重要职责之一。工程审计是对工程项目进行全面、系统、独立的评估和监督,以确保其符合国家法律法规和行业标准,促进工程项目的经济效益和社会效益的实现。工程审计的范围广泛,包括建设项目的可行性研究、投资估算、初步设计概算、施工图预算、工程结算等多个环节。由于工程审计的特点是技术专业性强、涉及面广、工作量大、责任重大等。这就要求工程审计师不仅需要掌握一定的工程技术知识和管理知识,还需要具备较高的审计专业知识和管理技能。

审计和工程审计之间存在明显的不同之处。首先,审计的对象主要是财务报表和财务状况,而工程审计的对象是工程项目本身。其次,审计的范围较为广泛,涵盖了财务报表、内部控制和合规性等多个方面,而工程审计则主要关注工程项目的经济性、技术性和合规性等方面。此外,审计的核心价值是独立性和客观性,而工程审计则更加注重技术专业性和管理技能的培养和提高。尽管审计和工程审计存在一些不同之处,但它们之间也存在密切的联系。首先,两者都是组织内部管理和外部监管的重要手段,通过独立的评估和审查活动,共同确保企业或项目的财务健康、合规性和效益。审计关注财务报表、内部控制和合规性的全面评估,而工程审计则聚焦于工程项目的具体实施过程和技术经济分析,两者相互补充,形成了一套完整的监管体系。其次,审计和工程审计在风险管理方面有着共同的目标。它们都需要识别并评估潜在的财务风险、技术风险、施工风险等,并制定相应的风险控制措施,以确保企业或项目的稳健发展。通过共同工作,两者能够更全面、深入地揭示风险,为企业或组织的决策提供有力支持。此外,审计和工程审计在资源优化配置方面也发挥着重要作用。审计通过审查财务报表和业务流程,帮助企业优化资源配置,提高经济效益;而工程审计则通过技术经济分析,确保项目资金的合理使用,提高投资回报率。两者共同协作,有助于实现资源的有效利用和组织的可持续发展。

最后,审计和工程审计都强调内部控制的重要性。它们都需要对内部控制体系进行评估和审查,发现潜在的控制缺陷,并提出改进建议,以完善企业或组织的治理结构。通过强化内部控制,两者共同提升企业或组织的治理水平,确保其稳健运营。

审计与工程审计在多个方面存在密切联系,它们相互协作、共同促进企业或组织的健康发展。在实际工作中,审计师和工程审计师需要保持密切的沟通和合作,确保审计和工程审计工作的顺利进行,为企业或组织的可持续发展提供有力保障。

第二章 工程审计数字化与数字化工程审计

第一节 工程审计数字化概念

  数字技术作为新兴力量随着世界科技革命与产业变革的进行进入大众视野,日益融入社会发展的方方面面,也深刻影响着审计领域。《中华人民共和国审计法(2021年修正)》在第三十四条到三十六条中明确指出被审计单位需提供与财政、财务收支相关的电子数据和计算机技术文档等资料,并确保其真实完整,以支持数字化审计的进行。大数据和会计的融合将会带来许多创新的研究机会,它具有极高的潜力和必要性。大数据技术的不断发展也对审计领域产生了重大影响,随着大数据时代的到来,传统审计已无法满足现代要求,审计资源有限性与被审计单位数据信息高速增长之间的矛盾日益突出,从业者应利用大数据技术提高审计效率、促进客观性和准确性。随着信息化、数字化在社会中不断发展普及,数字化工程审计工具的重要性也日益提高,工程审计要不断适应数字化时代的发展要求,提升审计工作的质量和水平。工程审计数字化的概念是指在工程审计中将数字化技术和工具应用于审计过程的各个阶段和环节,从而提高审计的效率、准确性和可靠性。传统的工程审计侧重于对工程项目结果和成果的评估,而数字化工程审计则强调审计过程中数据的采集、处理、分析和决策支持。这一概念强调了将数字化技术与工程审计相结合,以优化审计流程并提供更全面的信息。

  工程审计数字化是当前信息技术迅速发展的必然产物及过程。随着信息技术的普及,各种数字化工具和软件层出不穷,为工程审计数字化提供了良好的技术支持。在这个背景下,工程审计数字化对于提高审计效率和精度、降低审计成本、增强审计风险控制能力等方面具有重要意义。通过数字化技术,审计人员可以更加快速、准确地处理和分析数据,提高审计效率和精度;同时,数字化技术还可以帮助审计人员更好地发现数据背后的规律和趋势,为风险评估和预警提供更加可靠的支持。

  工程审计数字化技术体系包括数据采集、数据处理、数据分析、数据挖掘等多个方面。在数据采集方面,数字化技术可以帮助审计人员更加全面、准确地采集与工程项目相关的数据,如工程项目进展情况、财务数据、物资采购信息等。在数据处理方面,数字化技术可以对采集到的数据进行清洗、整理、归纳等操作,使数据更加规范化和易于分析。在数据分析方面,数字化技术可以利用各种分析方法和算法对数据进行深入挖掘,发现数据背后的规律和趋势。在数据挖掘方面,数字化技术可以利用各种数据挖掘算法对大量数据进行分析,发现数据之间的关联和规律,为风险评估和预警提供支持。

以下将综合解释工程审计数字化以过程为主的概念,分为十个段落进行阐述。

一、数字化数据采集与整合过程

工程审计数字化的第一个环节是数据采集与整合过程。传统工程审计往往需要人工手动收集和整理数据,比较繁琐且易出错。然而,通过数字化技术,可以利用传感器、物联网等技术手段实时采集工程设备的运行数据,并将其自动整合到数据库或云平台中。这种自动化的数据采集和整合过程极大地提高了数据的采集效率和准确性,为后续的分析和评估提供了可靠的数据基础。

二、自动化数据分析与模型构建过程

工程审计数字化的第二个环节是自动化数据分析与模型构建过程。利用数据分析、机器学习等技术,可以对采集到的数据进行自动化的分析和挖掘,发现数据中的规律、趋势和异常情况。例如,可以通过运用统计学方法、回归分析等手段,对工程设备的能耗、故障率等进行模型构建和预测,帮助决策者更好地了解设备的性能和风险状态。这种自动化的数据分析和模型构建过程可以大大提高审计过程的效率和准确性。

三、可视化结果展示与报告生成过程

工程审计数字化的第三个环节是可视化结果展示与报告生成过程。采用数据可视化工具和报告生成工具,可以将审计分析的结果以直观、易懂的形式呈现出来。通过图表、图形、仪表盘等,决策者可以直观地了解审计结果,发现问题和改进点,并进行决策制定。此外,自动化的报告生成过程可以大大降低审计报告的编制成本和时间,提高审计报告的一致性和规范化。

四、实时风险监控与预警处理过程

工程审计数字化的第四个环节是实时风险监控与预警处理过程。通过建立智能监控系统和实时数据传输机制,可以对工程设备和过程进行实时监控和预警处理。一旦监测到潜在的风险情况,系统会立即发出警报,并触发相应的预警处理机制,提醒相关人员及时采取措施避免事故和损失。这种实时风险监控与预警处理过程可以大大提高对工程风险的辨识和应对能力,保障工程的安全和稳定运行。

五、过程数据集成与持续改进优化过程

工程审计数字化的第五个环节是过程数据集成与持续改进优化过程。通过对数字化工程审计过程中的所有数据和信息进行集成和分析,可以了解整个审计过程的效率、准确性和改进点。基于这些数据,可以进行审计过程的持续改进和优化,提高审计效率和精度。此外,通过过程数据的集成与分析,还可以发现工程管理中的问题和瓶颈,并提出改进方案和决策建议,进一步提高审计结果的质量和实用性。

六、数据安全与隐私保护过程

工程审计数字化的第六个环节是数据安全与隐私保护过程。在数字化工程审计中,大量的数据被采集、处理和存储,其中可能包含敏感信息和机密数据。因此,确保数据的安全性和隐私保护是至关重要的。在这个过程中,需要采取一系列的安全措施,如数据加密、访问控制、身份认证等,以保护数据不被非法获取和滥用。此外,还需要遵守相关的数据隐私法规和政策,保障数据的合规性和合法性。

七、信息共享与协作过程

工程审计数字化以过程为主的概念强调信息共享与协作的重要性。通过数字化技术及互联网平台,可以实现审计团队之间的实时信息共享和协作。审计人员可以通过云平台、协作工具等进行实时的沟通和协作,共享审计过程、数据和结果。这种信息共享和协作不仅提高了审计团队的工作效率,从而提升整体审计能力。

八、自动化审核与合规性过程

数字化工程审计以过程为主的概念强调自动化审核与合规性的重要性。通过数字化技术,可以实现对审计过程和结果的自动化审核,确保审计结果的准确性和合规性。例如,可以建立合规性规则和自动化审核机制,对数据、过程和报告进行自动的合规性检查和审核,减少人为错误和违规操作的风险。这种自动化审核与合规性过程提高了审计的可靠性和规范性,有助于降低审计风险和纠纷的发生概率。

九、长期数据分析与趋势预测过程

工程审计数字化以过程为主的概念强调长期数据分析与趋势预测的重要性。通过建立大数据分析平台和趋势预测模型,可以对长期的工程审计数据进行分析和挖掘,发现潜在的趋势和模式,并进行趋势预测。这种长期数据分析和趋势预测过程有助于企业进行长期规划和决策,提前预测和应对潜在的风险和问题,实现可持续的工程管理和优化。

十、持续监督与改进过程

工程审计数字化以过程为主的概念强调持续监督与改进的重要性。通过数字化技术和

管理系统,可以对工程审计过程进行持续监督和评估,发现潜在的问题和改进机会,并及时采取相应的改进措施。这样的持续监督与改进过程有助于不断优化审计过程和提升绩效,使工程审计数字化能够持续演进和适应不断变化的审计需求和挑战。

工程审计的数字化转型,深度融合了尖端数字化技术于审计流程之中,如图 2-1 所示,工程审计数字化各环节紧密相连,构建了高效运作的审计生态系统。此过程聚焦于数字化数据的全面采集与精准整合,依托自动化工具实现深度数据分析与智能模型构建;进而,通过可视化技术直观展示审计成果,并自动生成详尽报告。同时,实时风险监控与预警机制确保风险及时应对,过程数据的无缝集成驱动审计实践的持续优化。尤为重要的是,数据安全与隐私保护策略的实施,为审计活动构筑了坚实的信任基石。这一系列创新举措,不仅提升了审计效率与准确性,还极大增强了审计信息的透明度与可靠性,为企业战略决策提供坚实支撑,有力促进了企业的竞争优势与可持续发展能力。

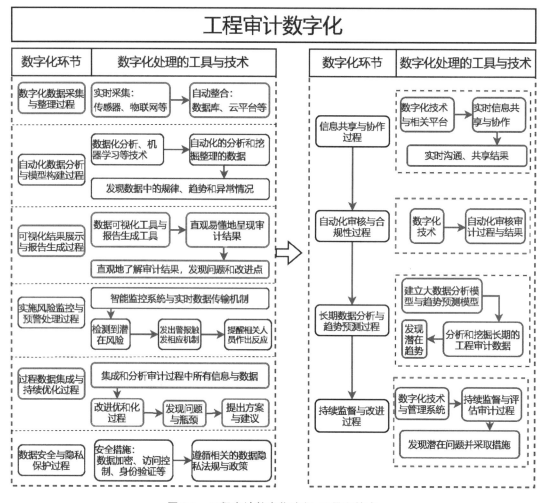

图 2-1　工程审计数字化流程、工具和技术

第二节　数字化工程审计概念

中华人民共和国国家发展和改革委员会提出"三个方面说"和"新技术驱动说",强调了"新基建"中用新一代信息技术对传统基础设施的改造升级,数据中心市场规模也随着大数据产业的发展而高速发展[2]。随着大数据时代的到来,被审计单位的数据信息高速增长,表现出大容量、高速度和多样性等特点。大数据分析将在头脑风暴会议中起到促进沟通、帮助审计员扩大信息基础、提高数据准确性等作用,从而减少手动处理和审核的时间和成本,使审计员更加专注于数据的分析和风险判断[3]。数字化工程审计工具将帮助非现场审计与现场审计协调衔接,更高效地发挥有限的审计资源,提高审计效率,保证审计质量,信息共享可在保证信息安全的情况下提高数据安全、促进协作[4]。Ukpong 等人(2019)通过分析如何运用深度学习、文本分析、音频识别、自然语言处理等智能技术改善某些审计任务如内部控制评估的复杂性和不良结构,探讨人工智能对审计流程的影响[5]。

数字化工程审计的概念强调在工程审计过程中充分应用数字化技术,包括大数据分析、人工智能、物联网等,以提高审计效率、准确性和智能化水平。这一概念突出了数字化技术在工程审计中的关键作用,通过技术手段对数据的采集、分析、处理和报告等环节进行优化,实现审计过程的自动化、高效化和智能化。

数字化工程审计的技术体系包括数字化审计平台、数字化审计工具、数字化技术应用等多个方面。数字化审计平台是指利用云计算等技术搭建的远程在线审计平台,可以实现数据的实时采集、处理、分析和存储等功能。数字化审计工具是指利用人工智能等技术开发的自动化审计软件,可对工程项目进行全面、准确、高效的审计。近些年学者基于不同理论与技术不断提出不同的数字化审计平台。虽然学者们的具体设计有所差异,但其目的都是通过设计审计智能化平台,实现审计活动的便捷化与数智化。如武晓芬等人(2019)提出人工智能审计平台可以由数据采集分析、审计交互、审计安全监管三个子平台构成[6]。

数字化技术应用是指将数字化技术应用于审计过程中。以下将综合解释数字化工程审计的技术应用。

数据采集与传输技术的应用:

在数字化工程审计中,数据的采集是基础且关键的环节。通过应用传感器、物联网设备等技术,可以实时采集工程设施的运行数据、能耗信息、工艺流程等。这些自动化的数据采集技术可以减少人为干预和主观误差,实现审计全过程的数据实时和透明,提高数据的准确性和完整性。此外,利用网络技术,将采集到的数据传输到云端或数据中心,实现数据的实时监控和远程访问。

数据处理与分析技术的应用:

在数字化工程审计中,数据处理与分析是重要的环节。通过应用大数据分析、数据挖掘、机器学习等技术,可以对采集的海量数据进行处理和分析,发现其中的规律、趋势和异常情况。例如,可以应用机器学习算法对工程设施的运行状态进行监测和预测,识别潜在的故障风险。这样的数据处理和分析技术有助于提高审计的准确性和智能化水平,为决策提供科学依据。

报告生成与可视化技术的应用:

在数字化工程审计中,报告生成与可视化是将审计结果有效传达给决策者的重要环节。通过应用数据可视化技术和报告生成工具,可以将复杂的审计结果转化为直观、易懂的图表、图形和报告,提供给决策者。这不仅方便了决策者对审计结果的理解,还提高了审计结果的传达效果。此外,报告生成过程的自动化可以提高审计报告的一致性和规范性。

智能辅助决策技术的应用:

在数字化工程审计中,智能辅助决策技术的应用可以提高决策的精确性和效率。通过应用人工智能、专家系统等技术,可以对审计结果进行综合分析和评估,帮助决策者制定更加科学和准确的决策。例如,通过利用智能决策支持系统,可以根据审计结果和风险评估,提供具体的改进措施和优化方案,辅助决策者做出明智的决策。

数据安全与隐私保护技术的应用:

在数字化工程审计中,数据安全与隐私保护是至关重要的。通过应用数据加密、访问控制、身份认证等技术,可以保护审计数据的安全性和隐私性,防止数据泄露和滥用。此外,还需要遵循相关的法规和政策,确保数据的合规性和法律性。这样的数据安全与隐私保护技术的应用可以使企业和个人放心地使用数字化工程审计技术,同时保护他们的合法权益。

数据集成与系统集成技术的应用:

在数字化工程审计中,数据集成和系统集成技术的应用起着重要的作用。通过应用数据集成技术,可以将来自不同来源和不同格式的数据进行整合,形成全面、全局的数据视图。这有助于审计人员获取更全面、准确的数据,并从中发现隐藏的模式和关联性。另外,系统集成技术可以将不同的数字化工程审计系统、工具和平台进行有机的整合,实现审计过程的协同工作,提高工作效率和协作能力。

移动技术的应用:

随着移动技术的快速发展,移动设备在数字化工程审计中的应用日益重要。通过移动设备,审计人员可以随时随地获取和分析审计相关的数据,而不受时间和地点的限制。此外,移动应用程序还可以用于实时数据采集、远程监控和即时通信,提高审计工作的实时性和灵活性。

技术培训与能力建设:

数字化工程审计以技术应用为主的概念还强调了技术培训与能力建设的重要性。随着数字化技术的不断发展和更新,审计人员需要不断学习和更新自己的技术知识和技能,以适应新的技术应用和工具。因此,组织需要投入资源来进行技术培训和能力建设,以提高审计团队的技术水平和应用能力。这将有助于保持审计工作的先进性和竞争力。

风险管理与安全技术的应用：

在数字化工程审计中，风险管理和安全是重要的考量因素。通过应用风险管理和安全技术，可以提前识别和评估潜在的风险，并采取相应的风险控制措施。此外，数据安全和隐私保护也是数字化工程审计中需要高度关注的问题。因此，需要应用风险管理和安全技术，确保数据的安全性、完整性和保密性。

持续改进与创新：

数字化工程审计以技术应用为主的概念鼓励持续改进和创新。通过不断探索和应用新的技术和方法，审计组织可以提高审计的效率、准确性和智能化水平。此外，持续改进还可以帮助发现和解决数字化工程审计过程中的问题和瓶颈，进一步提升审计工作的质量和价值。

可持续发展与环境友好技术的应用：

在数字化工程审计中，可持续发展和环境友好是重要的指导原则。在可持续发展和环境友好的重要主导原则下，通过环境数据指标的采集整理，可以对工程项目的环境影响进行评估和监测。例如，可以利用传感器和监测设备收集环境数据，应用模型和算法对环境指标进行分析和预测。这有助于发现环境风险和问题，并制订相应的环境保护和改善措施，以实现工程项目的可持续发展和环境友好性。

自动化和 AI 技术的应用：

在数字化工程审计的语境下，风险管理与安全策略占据着举足轻重的地位。通过精细化的风险识别、评估与防控机制，可有效预见并应对潜在风险。同时，数据的安全性与隐私保护成为审计过程中不可或缺的一环，要求采用先进的安全技术，确保数据的完整性、保密性及可用性。此外，审计师还需敏锐洞察数据泄露与商业秘密泄露的潜在威胁，积极评估并监督公司的内部控制与风险管理机制，确保数据资产与商业秘密得到有效防护，维护企业的财务健康与运营稳定。

区块链技术的应用：

区块链技术在数字化工程审计中也有广泛的应用前景。通过应用区块链技术，可以实现审计数据的去中心化保存和加密存储，保证数据的不可篡改性和安全性。同时，区块链技术还可以提供可追溯性和透明性，使审计过程更加可信和公正。例如，可以利用区块链技术对工程过程和交易数据进行记录和验证，确保数据的完整性和真实性。利用区块链技术融入连续审计过程，审计师可以利用社交媒体、统计模型和算法应对嘈杂数据和项目反应理论影响，在持续审计的过程中，云审计技术可以有效地提高审计资源利用效率、实现数据共享、提高数据安全性，在持续审计的过程中既解放审计人员物理上的限制，又能在多人同时访问分析数据提高效率的同时保证数据的安全性[7]。

虚拟现实和增强现实技术的应用：

虚拟现实和增强现实技术在数字化工程审计中也有广泛的应用潜力。通过应用虚拟现实和增强现实技术，审计人员通过模拟和重现工程场景，进行可视化的分析和评估。例如，可以利用虚拟现实技术演示工程设备的运行情况，或者通过增强现实技术在实际场景中叠加审计指标和信息。这样的虚拟现实和增强现实技术的应用可以提高审计结果的可视化和理解程度，帮助审计人员更好地进行决策和推动改进。有学者提出了大数据环境下全息交互智慧审计体系的具体构建，包括构建审计"全息"数据集市、搭建智慧审计系统功能模块以及建立"远程+现场"互动审计模式[8]。

可扩展性与可互操作性的建设：

数字化工程审计以技术应用为主的概念还强调可扩展性和可互操作性的建设。随着数字化技术的快速发展，审计过程可能需要适应新的技术和工具。因此，需要将审计系统和平台设计为具有可扩展性的架构，以便将来能够轻松集成新的技术和应用。此外，应注重系统之间的互操作性，使得不同的系统可以实现数据的传输和共享，提高审计工作的协作能力和效率。

多维度数据分析与综合评估技术的应用：

数字化工程审计以技术应用为主的概念强调多维度数据分析和综合评估的重要性。通过应用多维度数据分析技术，可以对审计过程中的各种数据进行综合性分析，从而发现更深层次、更全面的信息和洞察。例如，可以将工程审计数据与其他内外部数据进行关联分析，揭示潜在的关联关系和趋势。综合评估技术则可以将多个维度的审计结果进行综合，提供全面的评估和意见，为决策者提供更可靠的信息。

数据智能挖掘技术的应用：

数字化工程审计以技术应用为主的概念还强调数据智能挖掘的应用。通过应用数据挖掘和机器学习算法，可以从庞大的审计数据中发现隐藏的模式、规律和异常情况。例如，可以通过分类算法对工程项目的风险进行评估和分类，或者利用聚类算法识别异常行为和异常数据。这样的数据智能挖掘技术有助于提高审计的准确性和效率，使审计人员能够更加深入地理解工程项目的运行情况和问题。

实时监控与反应技术的应用：

在数字化工程审计中，实时监控和反应技术的应用对于及时掌握工程项目的状况和问题至关重要。通过应用实时监控和反应技术，可以实时获取工程设备的运行数据、工艺参数等，并进行实时分析和监测。这有助于发现潜在的问题和风险，并及时采取相应的措施进行反应和调整。实时监控与反应技术的应用可以大大缩短问题发现和解决的时间，提高审计的实时性和灵活性。

数据共享与开放平台的建设：

数字化工程审计以技术应用为主的概念还强调数据共享和开放平台的建设。通过建设数据共享和开放平台，可以实现不同组织、部门和个人之间的数据共享与交流，促进审计过程的协同和一体化。这样的数据共享与开放平台也为各方提供了更多的资源和机会，鼓励创新和合作。此外，开放平台的建设还可以吸引更多的技术供应商和企业参与数字化工程审计的发展，推动行业的进一步创新和成长。

人机协同与智能决策技术的应用：

数字化工程审计以技术应用为主的概念强调人机协同与智能决策技术的应用。通过将人工智能、机器学习和人类专业知识相结合，可以实现审计人员与计算机系统的协同工作。审计人员可以利用机器学习和自然语言处理技术分析大量数据，提取关键信息，并做出准确的决策。智能决策技术还可以提供智能推荐和决策支持，帮助审计人员在复杂环境下做出高效、准确的决策。

可视化分析与交互技术的应用：

可视化分析与交互技术在数字化工程审计中具有重要作用。通过可视化工具和技术，审计人员可以将复杂的数据转化为易于理解和分析的可视化图表、图形和仪表盘。这有助于发现数据背后的模式和关联性，提供洞察和决策支持。而交互技术则使审计人员能够与可视化图形进行互动和探索，更深入地理解数据，发现隐藏在数据中的信息和问题。

自适应学习与智能推理技术的应用：

数字化工程审计以技术应用为主的概念还强调自适应学习与智能推理技术的应用。通过应用自适应学习和智能推理技术，审计系统可以根据不断变化的环境和需求进行学习和优化，提高审计过程的适应性和灵活性。例如，系统可以基于历史数据和模型进行预测和推理，帮助审计人员发现潜在的问题和风险。自适应学习与智能推理技术的应用可以提高审计的智能化水平和决策质量。

数据治理与合规性技术的应用：

在数字化工程审计中，数据治理与合规性是不可忽视的方面。通过应用数据治理和合规性技术，可以确保审计过程中数据的质量、可靠性和合规性。数据治理技术可以对数据进行整理、清洗和标准化，确保数据的准确性和一致性。合规性技术则可以帮助审计人员遵循相关法规和规定，保护数据的隐私和安全。这样的技术应用有助于提高审计的可信度和可靠性。

系统整合与知识管理技术的应用：

数字化工程审计以技术应用为主的概念还强调系统整合与知识管理技术的重要性。通过应用系统整合和知识管理技术，可以将不同的审计系统、工具和平台进行整合，实现资源的共享和协同工作。知识管理技术可以帮助审计人员收集、组织和传播审计知识和经验，提高团队的学习和创新能力。这样的技术应用有助于建设一个知识丰富、高效运转的审计系统，促进了信息的流动和共享，提高了工程审计的效率和准确性。

数据跨界合作与跨部门协同的推进：

数字化工程审计以技术应用为主的概念强调数据跨界合作与跨部门协同的重要性。在工程审计过程中，涉及多个部门和数据来源，因此需要加强跨界合作和数据共享。通过建立跨部门的合作机制和数据共享平台，可以实现不同部门之间的数据协同和信息共享，提高审计工作的效率和准确性。这样的跨界合作和跨部门协同可以帮助审计人员获得更全面、准确的数据，并综合不同部门的信息，从而提供更可靠和全面的审计结果。

开放数据与开放创新的推动:

数字化工程审计以技术应用为主的概念还鼓励开放数据与开放创新的推动。通过开放数据,将审计数据对外开放,可以促进多方共享和参与,提高数据的利用效率和创新度。同时,开放创新将吸引更多的技术企业和创新者参与数字化工程审计领域,带来新的技术和方法。这样的开放数据与开放创新的推动有助于推动工程审计行业的发展和创新,为数字化工程审计注入新的活力和机遇。

以上解释总结了数字化工程审计以技术应用为主的概念的多个方面。这一概念强调了以下关键点:

多维度数据分析与综合评估技术的应用:通过对多种数据进行综合分析,揭示更深层次、全面的信息和洞察。

数据智能挖掘技术的应用:利用数据挖掘和机器学习算法发现隐藏的模式、规律和异常情况。

实时监控与反应技术的应用:实时获取设备运行数据,并进行实时分析和监测,及时发现问题和采取措施。

增强虚拟审计技术的应用:利用虚拟现实和增强现实技术在虚拟环境中进行审计工作,提高审计效率和准确性。

数据共享与开放平台的建设:建立数据共享和开放平台,实现多方数据共享与交流,促进创新和合作。

人机协同与智能决策技术的应用:结合人工智能和机器学习算法,实现审计人员与计算机系统的协同工作,提高决策质量。

可视化分析与交互技术的应用:将复杂数据转化为可视化图表,提高理解和分析能力,并实现与数据的互动探索。

自适应学习与智能推理技术的应用:根据不断变化的环境和需求进行学习和优化,提高适应性和决策能力。

数据治理与合规性技术的应用:确保审计数据的质量、可靠性和合规性,保护数据的隐私和安全。

系统整合与知识管理技术的应用:整合审计系统、工具和平台,实现资源共享和知识管理,提高团队合作与创新能力。

综合来说,数字化工程审计以技术应用为主的概念旨在利用先进的技术和工具提高审计的准确性、效率和可靠性,促进工程审计行业的创新和发展。通过运用这些技术,审计人员能够更全面地了解工程项目的情况,快速发现问题和风险,并提供可靠的决策支持。这有助于推动工程项目的可持续发展,并为决策者提供更可靠的信息基础。

第三节　工程审计数字化和传统审计

工程审计的数字化转型与传统审计模式之间,构建了紧密而复杂的互动关联,如图2-2所示。其核心纽带在于数据处理与分析的高效革新,以及报告生成机制的智能化升级。此外,实时监控技术的融入,显著增强了审计过程的时效性与精准度。协同合作模式的优化,则促进了跨部门信息流通与资源共享,共同构筑了审计工作的新生态。这些方面相互交织,共同推动了审计实践的现代化进程。

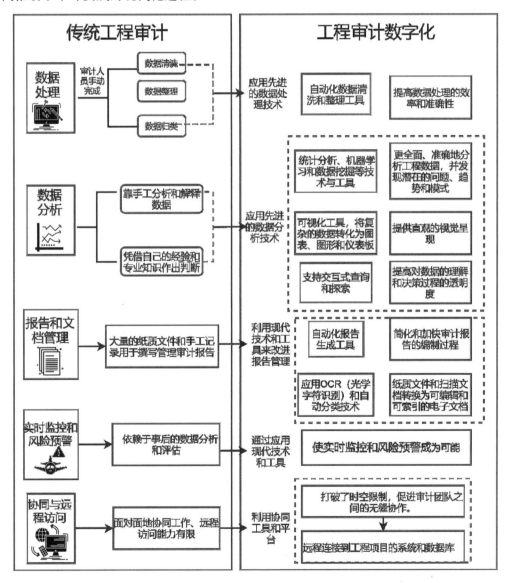

图 2-2　传统工程审计与工程审计数字化的对比

一、数据处理和分析

工程审计是为了评估工程项目的质量、合规性和效益而进行的一项重要活动。随着数字化技术的不断发展，工程审计的数字化已经成为一种趋势。数字化工程审计利用先进的技术和工具对工程数据进行处理和分析，从而提高审计的效率和准确性。然而，传统的工程审计仍然具有重要的地位，因为它强调对人工判断和专业经验的依赖。本文将探讨工程审计数字化和传统审计之间在数据处理和分析方面的密切联系，并提供具体的案例加以说明。

工程审计数字化和传统审计之间存在着紧密的联系，尤其在数据处理方面。在传统审计中，数据处理通常由审计人员手动完成，包括数据清洗、整理和归类等工作。然而，数字化工程审计通过应用先进的数据处理技术，如自动化数据清洗和整理工具，可以大大提高数据处理的效率和准确性。这些工具可以快速识别和清除错误数据，缩短处理时间，并减少人为干预的风险。

举例来说，传统工程审计对于大规模数据的处理可能是一个耗时且烦琐的过程。而在数字化工程审计中，可以利用数据集成和清洗工具，将来自不同数据源的工程数据进行整合和清洗。例如，一个工程审计团队想要进行电力设备的审计，并收集了来自不同厂家和供应商的设备数据。在传统审计中，将需要手动整理和清洗这些数据。但在数字化工程审计中，可以利用自动化工具，通过规定的数据清洗规则和算法，将不一致或错误的数据自动处理和校正。这些工具可以减少人工错误和节省大量时间，更快地将数据准备好用于后续的分析。

工程审计数字化和传统审计之间在数据分析方面也存在着密切的联系。在传统审计中，审计人员通常依靠手工分析和解释数据，凭借自己的经验和专业知识作出判断。然而，数字化工程审计通过应用先进的数据分析技术，如统计分析、机器学习和数据挖掘等，可以更全面、准确地分析工程数据，并发现潜在的问题、趋势和模式。

举例来说，假设在一个建筑工程审计中，审计团队想要评估材料采购和成本控制的效率。在传统审计中，审计人员可能会手动分析和计算各种成本指标，以评估采购的效果。但在数字化工程审计中，可以利用统计分析和机器学习技术，建立成本效益模型，从大量的采购数据中发现关联性和重要特征，并预测未来的采购成本。这样可以提供更准确、有针对性的建议，并帮助优化管理决策。

此外，数字化工程审计还可以通过数据可视化工具将分析结果以直观和易懂的方式呈现出来，使审计人员和决策者更好地理解和利用数据。通过可视化工具，可以将复杂的数据转化为图表、图形和仪表板，提供直观的视觉呈现，同时支持交互式查询和检索，提高对数据的理解和决策过程的透明度。

总结起来，工程审计数字化和传统审计在数据处理和分析方面存在着密切的联系。数字化工程审计通过应用先进的技术和工具，提高了数据处理的效率和准确性，并拓展了数据分析的能力。这样可以优化审计流程、提供更准确和全面的审计结果，并帮助决策者做出更有洞察力的决策。在数字化时代，审计人员需要不断学习和掌握新技术，将数字化技术和传统审计相结合,以更好地服务于审计工作。

二、报告和文档管理

工程审计是对工程项目进行评估和审核的过程,其中报告和文档管理起着重要的作用。传统审计过程中,报告和文档管理主要依赖于纸质文档和手工记录。然而,随着数字化技术的发展,工程审计数字化正在成为一种趋势。数字化工程审计通过应用现代技术和工具,可以根据审计结果自动生成报告并且自动归纳存储文档进行管理,提高了效率和可靠性。本文将综合解释工程审计数字化和传统审计之间在报告和文档管理方面的密切联系,并提供具体的案例加以说明。

工程审计数字化和传统审计之间在报告管理方面存在密切的联系。在传统审计中,撰写和管理审计报告通常需要大量的纸质文件和手工记录。这可能导致信息的分散和不一致,使报告的编制和更新变得复杂和耗时。然而,在工程审计数字化过程中,可以利用现代技术和工具来改进报告管理。

举例来说,数字化工程审计可以使用报告管理软件或平台,以集中存储审计报告和相关文档。这种平台可以提供版本控制、权限管理和共享功能,确保所有相关人员访问和协作的一致性。同时,数字化工程审计还可以应用数据可视化和图表工具,将复杂的数据和分析结果以直观的方式呈现在报告中,提高报告的易读性和理解度。

数字化工程审计还可以通过自动化报告生成工具简化和加快审计报告的编制过程。这些工具可以根据预设的模板和标准,自动生成报告的格式和内容,减少人工录入和整理的工作量。例如,审计人员可以使用电子表格软件和文档处理工具,自动抽取和计算相应的数据指标,并将其整合到预定义的报告模板中。这样可以提高报告的准确性、一致性和效率。

此外,工程审计数字化和传统审计之间在文档管理方面也存在着密切的联系。在传统审计中,文档管理往往依赖于手工记录、纸质文件和人工整理。这种方式容易导致文件遗失、更新困难和数据的不一致性。然而,在工程审计数字化中,采用现代化的文档管理工具和技术可以显著提升效率和可靠性。

举例来说,数字化工程审计可以利用电子文档管理系统来集中存储、分类和检索审计相关的文档。这些系统提供了文档索引、全文搜索和版本控制等功能,使得相关文档更容易查找和维护。此外,数字化工程审计还可以利用云存储技术,实现文档的远程访问和共享,方便不同人员之间的协同工作和信息共享。

另外,数字化工程审计还可以应用 OCR(光学字符识别)和自动分类技术,将纸质文件和扫描文档转换为可编辑和可索引的电子文档。这样做可以减少人工处理的时间和错误,并提高文档的可用性。此外,数字化工程审计还可以利用数字签名和加密技术,确保文档的安全性和完整性。

综上所述,工程审计数字化和传统审计在报告和文档管理方面存在着密切的联系。在数字化工程审计中,报告和文档管理变得更加高效、准确和可靠。采用现代化的技术和工具,如报告管理软件、数据可视化工具和电子文档管理系统,可以集中存储、整理和分享审计报告和相关文档。这不仅简化了管理流程,还提高了报告的易读性、一致性和可理解性。

三、实时监控和风险预警

工程审计是评估工程项目的过程,旨在监控项目的合规性、质量和效率。实时监控和风险预警在工程审计中起着重要的作用,帮助审计人员迅速发现和应对潜在问题。传统审计方法常常依赖于后期的检查和分析,而工程审计数字化则通过应用现代技术和工具,使实时监控和风险预警成为可能。本文将综合解释工程审计数字化和传统审计在实时监控和风险预警方面的密切联系,并提供具体的案例加以说明。

工程审计数字化和传统审计在风险预警方面也存在着密切的联系。传统审计方法通常依赖于事后的数据分析和评估,以发现潜在的风险和问题。然而,这种方法往往较为被动,可能导致问题的时间延迟和进一步的损失。数字化工程审计则通过应用风险预警技术,帮助审计人员在问题发生之前识别并及时应对潜在的风险。

举例来说,在一个建筑工程审计中,数字化工程审计可以应用智能监控系统和预警模型,对建筑结构、设备运行和施工安全等方面进行实时监测和风险分析。通过分析实时数据、趋势和模式,系统可以识别出潜在的风险情况,并自动生成预警通知,使相关人员能够及时采取行动以避免事故发生。

另一个例子是在能源工程审计中,数字化工程审计可以应用能源管理系统和预测模型,对能源消耗和效率进行实时监测和分析。通过监测能源使用情况的变化和异常,系统可以预测能源消耗趋势和未来的风险,从而帮助优化能源使用和减少风险。

综上所述,工程审计数字化和传统审计之间在实时监控和风险预警方面存在着密切的联系。数字化工程审计通过应用现代技术和工具,使实时监控成为可能,并通过实时数据分析和风险预警帮助审计人员及时发现和应对潜在的问题和风险。这种方法提高了审计的效率、准确性和时效性,对于保障工程项目的顺利进行和风险的控制具有重要意义。

四、协同与远程访问

工程审计是评估工程项目的质量、合规性和效益的过程,其中协同和远程访问扮演着重要的角色。在传统审计中,审计团队常常需要面对面地协同工作,以及有限的远程访问能力。然而,随着数字化技术的不断发展,工程审计数字化为审计团队提供了更广阔的协同和远程访问的机会。本文将综合解释工程审计数字化和传统审计之间在协同与远程访问方面的密切联系,并提供具体的案例加以说明。

工程审计数字化和传统审计之间在协同工作方面存在着密切联系。传统审计中,审计团队通常需要面对面地协同工作,以确保信息的及时共享、分析和讨论。然而,这种方式可能受制于时间和地点的限制,增加了沟通和协作的成本。数字化工程审计则通过利用协同工具和平台,打破了时空限制,促进审计团队之间的无缝协作。

举例来说,在数字化工程审计中,审计团队可以利用协同工具如云存储、在线文档和实时协作平台,共享和编辑审计文件和报告。团队成员可以同时对同一份文档进行修改和讨论,并即时反馈问题和建议。这大大提高了团队成员之间的工作效率和沟通效果,减少了传统审计中面对面会议和纸质文件的依赖。

此外,数字化工程审计还可以利用远程会议和远程协作工具,实现分布式团队之间的即时交流和协作。通过视频会议、远程屏幕共享和即时消息工具,审计团队可以随时随地进行实时沟通和讨论,无论身处何地。这种远程访问和协同工作的能力极大地提高了审计团队的灵活性和响应能力,尤其在跨地区或跨国际合作的情况下。

例如,考虑一个大型跨国工程项目的审计工作。在传统审计中,审计团队可能需要面对面地联络不同国家和地区的相关团队成员,为了开展协同工作。这涉及长途旅行和烦琐的协调安排。然而,通过数字化工程审计,审计团队可以利用远程会议平台,如视频会议和在线协作工具进行实时沟通和协作,无论他们身处世界的哪个角落。这样,团队成员可以直接共享和讨论文件、数据和问题,并及时进行决策和调整,提高审计效率和准确性。

另外,数字化工程审计也提供了更便捷的远程访问能力。通过远程访问工具和技术,审计团队可以远程连接到工程项目的系统和数据库,进行实时的远程监控和数据分析。这样一来,审计团队可以更快速地获取相关数据,并及时进行评估和调整。此外,在远程访问的情况下,审计人员可以通过远程视频技术进行现场检查和交流,减少了时间和成本的消耗。

举个例子,考虑一个跨国建筑工程的审计过程。在传统审计中,审计人员需要前往现场进行现场核查和考察。然而,通过数字化工程审计,审计人员可以利用远程访问工具和实时视频,远程查看工地的进展、施工质量和安全情况。他们可以与现场人员进行实时交流,并即时解决问题和提供指导,从而更高效地完成审计任务。

总的来说,数字化工程审计为协同工作和远程访问提供了更多的机会和便利性,促进了审计团队之间的协作和沟通,并克服了时空限制。这不仅提高了审计的效率和质量,也降低了成本和风险。因此,数字化工程审计将继续在协同和远程访问领域发挥重要的作用,并为工程审计领域带来更大的进步和发展。

第四节 数字化工程审计与传统审计

一、数据收集和处理

数字化工程审计和传统审计之间存在密切的联系,这些联系主要体现在数据收集和处理方面。下面我将对数字化工程审计和传统审计进行综合解释,并举例说明它们之间的联系。

首先,数字化工程审计是指通过数字技术和数据分析工具对工程项目进行审计的方法。

它基于计算机系统和相关软件,对项目数据进行采集、处理、分析和存储,以实现准确、高效的数据处理和审计分析。数字化工程审计的优势在于可以提高审计效率,减少人为错误,并利用数据分析工具进行更全面的分析和预测。例如,在工程造价审计中,数字化工程审计可以通过 BIM(建筑信息模型)技术,将建筑项目的所有信息整合到一个数字模型中。审计人员可以利用这个模型进行数据分析和比对,更好地确定工程造价,并检测潜在的错误和异常。

其次,传统审计是指基于人工审核和纸质资料进行审计的方法。它主要依赖于审计人员的专业知识和经验,对纸质文档、财务报表和其他纸质数据进行审核和比较。传统审计的优势在于它可以对各种复杂的交易和业务进行全面深入的评估。例如,在财务审计中,传统审计可以通过对财务报表和凭证的详细审核,发现潜在的财务风险和欺诈行为。同时,传统审计的结果也可以为数字化工程审计提供重要的参考依据,以确保数字化处理的数据与实际情况相符。

数字化工程审计和传统审计之间的联系主要表现在以下两个方面。

数据收集和处理方面:数字化工程审计和传统审计都需要进行数据收集和处理。在数字化工程审计中,数据主要来自于工程项目中的各种电子数据文件和数字化文档,如 CAD 图纸、施工记录、验收报告等。这些数据经过数字化处理后,可以更方便地进行比对和分析。在传统审计中,数据主要来自于纸质文档、财务报表和其他纸质数据文件。这些数据需要进行手工录入和处理,虽然速度较慢,但可以为数字化工程审计提供重要的数据基础。无论是数字化工程审计还是传统审计,数据收集和处理都是非常重要的环节。例如,在进行建筑工程审计时,数字化工程审计可以通过采集施工现场的各种数据,如建材数量、施工进度等,来进行有效的数据分析。而传统审计则需要对各种纸质施工记录、验收报告等进行详细审核,以确保数据的真实性和准确性。

数据分析方面:数字化工程审计和传统审计都需要进行数据分析。在数字化工程审计中,数据分析主要基于各种数字技术和数据分析工具,如数据挖掘、机器学习和人工智能等。这些工具可以帮助审计人员进行更全面、准确的数据分析,从而更好地发现潜在问题和风险。在传统审计中,数据分析主要基于审计人员的专业知识和经验,通过手工比对和计算来进行。虽然速度较慢,但分析结果可以更为准确可靠。例如,在财务审计中,数字化工程审计可以通过数据分析工具对海量的财务数据进行快速分析,以检测潜在的财务风险和欺诈行为。而传统审计则需要对财务报表和凭证进行详细的人工审核和分析,以确定财务数据的真实性和准确性。

总之,数字化工程审计和传统审计之间存在着密切的联系。它们之间的联系主要表现在数据收集和处理以及数据分析方面。在实践中,我们应该充分认识数字化工程审计和传统审计的优缺点,并尝试将它们有机结合起来,以实现更准确、高效、全面的审计目标。

二、风险评估和管理

数字化工程审计和传统审计在风险评估和管理方面存在着密切的联系。风险评估和管理是工程审计中至关重要的环节,旨在识别项目中的潜在风险并采取相应的措施来降低风险的发生。数字化工程审计通过应用先进的技术和工具,提供更全面、准确和实时的风险评估和管理,从而增强了审计的效益和效果。

在数字化工程审计中,利用数据分析和模型技术可以更好地识别和分析潜在风险。通过收集大量的工程数据并进行分析,审计人员可以快速发现与风险相关的模式和趋势。例如,通过分析建筑工程的成本数据、进度数据和质量数据,可以识别出与成本超支、工期延误和工艺问题相关的风险因素。这样的分析提供了实时的风险警示,并帮助审计人员制订相应的管理策略和措施。

与传统审计相比,数字化工程审计还能够实时监测和追踪风险发展情况。通过应用远程监控和传感器技术,数字化工程审计可以对工程项目进行全面的实时监测,从而及时发现潜在的风险和问题。例如,通过安装传感器和监测设备,可以实时监测建筑结构的运行状况、设备的温度和压力等指标。一旦发现异常情况,系统将发出警报并提供详细的风险报告,帮助审计人员及时采取措施进行风险管理。

数字化工程审计还可以利用风险评估和管理软件来支持风险管理决策。通过建立风险评估模型和进行模拟分析,数字化工程审计可以帮助审计人员量化风险,并根据评估结果制订相应的风险管理措施。例如,在一个能源工程审计中,数字化工程审计可以利用风险管理软件,对潜在的安全风险、环境风险和运营风险进行评估和监控。这样可以帮助审计人员识别高风险的区域或活动,并采取预防性措施,最大程度地降低风险的发生概率和影响程度。

此外,数字化工程审计还可以通过数据可视化技术来支持风险评估和管理。可视化工具可以将复杂的风险数据以图表、图形或仪表盘的形式呈现出来,使审计人员更容易理解和分析。例如,利用数据可视化软件,审计人员可以实时监测和分析风险指标,并通过图表展示风险趋势、对比不同风险项、发现异常情况等。这种可视化的方式使审计人员能够更直观地理解和决策,并在风险管理过程中提供更有效的指导。

综上所述,数字化工程审计在风险评估和管理方面与传统审计存在着密切的联系。通过应用先进的数据分析技术、远程监控和风险评估工具,数字化工程审计能够更准确、全面地评估风险,并提供了更好的决策支持。这促进了审计过程的效率和准确性,同时也增强了风险管理和控制的能力。因此,数字化工程审计在风险评估和管理方面与传统审计之间具有密切的联系,为工程审计带来了更大的价值和优势。

三、效率和准确性

工程审计旨在评估工程项目的质量、合规性和效益,而数字化工程审计则是在传统审计基础上应用现代技术和工具来提高审计过程的效率和准确性。数字化工程审计通过自动化和数据分析等手段,能够快速收集、处理和分析大量的工程数据,有助于提高审计的效率和准确性。本文将综合解释数字化工程审计和传统审计之间在效率和准确性方面的密切联系,并提供具体的案例加以说明。

数字化工程审计在提高审计效率方面与传统审计之间存在着密切的联系。在传统审计中,审计人员通常需要花费大量的时间和精力来手工收集、整理和分析工程数据。然而,数字化工程审计通过应用现代技术和工具,可以自动化数据收集、处理和分析过程,从而节省时间和资源。青岛地铁集团有限公司使用"福莱 Link"数字审计平台进行审计管理的案例,该案例展示了如何通过云平台实现审计数据的集中管理、实时监控和远程协作,提高了审计效率和质量。

举例来说,数字化工程审计可以利用物联网(IoT)技术和传感器来进行实时数据收集。通过在工程现场安装传感器,如温度、湿度和压力传感器,可以实时监测工程项目的状态。这些传感器数据可以自动传输到中央数据平台,减少了人工收集数据的时间和劳动量。

此外,数字化工程审计还可以利用数据分析和大数据处理技术,对大量的工程数据进行快速且准确的分析。通过应用统计分析、机器学习和人工智能等技术,可以发现数据中的潜在问题、趋势和模式。这些技术使审计人员能够更准确地识别潜在的风险和问题,从而更有针对性地制订审计策略和建议。

例如,考虑在一个建筑工程的审计中,数字化工程审计可以利用大数据分析技术,对建筑项目的成本数据进行分析和比较。通过将成本数据与类似项目的数据进行对比,可以快速识别出成本超支或异常的情况。这样,审计人员可以更快速地定位和解决问题,减少了传统审计中烦琐的数据整合和手动分析的工作量。

数字化工程审计除了提高审计效率,还可以显著提高审计的准确性。传统审计过程中,由于依赖手工记录和人工判断,容易出现错误和主观偏差。而数字化工程审计通过自动化数据处理和分析,减少了人为干预的错误,并提供了更客观和准确的审计结果。

举例来说,霍邱县审计局在 2023 年初引入大疆无人机并成功应用于多种类型审计工作的实践案例,特别是在乡镇领导干部自然资源资产审计及绿化工程审计中取得显著成效,针对某乡镇领导干部自然资源资产审计项目中,霍邱县审计局充分利用无人机的高空拍摄能力,搭载高分辨率镜头,实现了对林木覆盖面积的全面、快速测量。无人机按照预设路径飞行,采集到的高清图像通过专用软件转化为三维图像模型,使审计人员能够在虚拟环境中进行精确测量与计算。无人机能够精准定位并逐一记录绿化区域内的乔木数量与灌木面积,有效避免了传统人工清点方法的耗时与误差。通过比对无人机拍摄数据与施工单位申报数据,审计组迅速发现了工程量少报的问题,并利用电脑软件生成立体直观的标注图,清晰展示审计发现,既提升了审计结果的准确性,又减少了争议,显著提高了审计效率。这一技术的应用,极大地提高了对造林补贴资金申领真实性和准确性的核实效率,确保了国家财政资金的合规使用。

此外,数字化工程审计还可以利用智能算法和机器学习技术,在分析大量数据的基础上,发现隐藏在数据背后的关联性和模式。通过这种分析,审计人员可以更准确地识别潜在的风险,如质量问题、成本溢出、进度延迟等,并提前采取相应的预防和应对措施。这样可以最大限度地降低风险发生的可能性,提高工程项目的安全性和可靠性。

　　另一个例子是在工程施工质量审计中,数字化工程审计可以利用图像处理和计算机视觉技术,对施工现场的照片和视频进行分析。通过对图像的处理和算法的运用,可以自动识别和检测施工质量缺陷、结构问题等。这种数字化工程审计的应用可以大大提高审计人员对施工现场的观察和判断的准确性,减少主观性的影响。

　　综上所述,数字化工程审计在数据收集和处理方面与传统审计之间存在着密切的联系。数字化工程审计通过自动化数据收集和分析,提高了数据的准确性和完整性,并通过优化数据处理和应用智能算法,提供了更客观和准确的审计结果。这进一步提高了审计的质量和可靠性,并为决策者提供了更有实际意义的建议和支持。

四、报告和沟通

　　工程审计是对工程项目进行评估和审核的过程,其中报告和沟通起着重要的作用。在传统审计实践中,报告编制与沟通机制往往深植于纸质文档的流转与面对面会议的安排之中,这一模式虽有其直接性,却也面临着诸多实际挑战与限制。首要难题在于地理距离的阻隔,对于跨地域的审计项目而言,频繁组织各方参与者进行面对面会议不仅成本高昂,且时间效率低下。此外,纸质文档的传递与存档亦需耗费大量资源,且在流转过程中易受损、丢失或延误,进而影响审计工作的连续性与准确性。因此,探索并实践更为高效、便捷的数字化沟通与报告机制,成为传统审计领域亟待解决的重大课题。而数字化工程审计通过深度融合现代化技术与工具,对传统报告编制与沟通方式进行了根本性革新,实现了效率与准确性的双重飞跃。借助电子文档管理系统与云协作平台,审计团队能够即时共享资料、协同编辑报告,彻底打破了地理界限,无论身处何地都能无缝对接工作,极大提升了跨地域协作的效率。同时,数据分析与可视化技术的运用,使审计结果呈现更加直观、易懂,增强了报告的洞察力与说服力。此外,自动化流程减少了人为错误,确保了信息的准确无误,为管理层提供了更为坚实可靠的决策依据。综上所述,数字化工程审计以其高效、精准的报告与沟通机制,为审计行业注入了新的活力与可能性。本文将综合解释数字化工程审计和传统审计在报告和沟通方面的密切联系,并提供具体的案例加以说明。

　　数字化工程审计和传统审计之间在报告管理方面存在密切的联系。传统审计中,撰写和管理审计报告通常需要大量的纸质文件和手工记录。这可能导致信息的分散和不一致,使报告的编制和更新变得复杂和耗时。然而,在数字化工程审计过程中,可以利用先进的报告管理软件和平台,集中存储和管理审计报告和相关文档。

　　举例来说,数字化工程审计可以使用报告管理软件,以集中存储审计报告和相关文档。这种软件提供版本控制、权限管理和共享功能,确保所有相关人员访问和协作的一致性。此外,数字化工程审计还可以应用数据可视化工具,将复杂的数据和分析结果以直观的方式呈现在报告中。通过可视化工具,可以将数据转化为图表、图形和仪表板,提供直观的视觉呈现,同时支持交互式查询和探索。这样可以提高报告的易读性和理解度,并使审计人员和决策者更好地理解和利用数据。

此外，数字化工程审计还可以利用自动生成报告的功能，通过预设的报告模板和标准，自动生成报告的格式和内容。这样一来，审计人员可以更高效地编制和更新报告，减少了烦琐的手动排版和整理。举例来说，对于一项施工质量审计，审计人员可以根据工程数据快速生成质量评估报告，提供结构、装修和施工过程的详细分析和改进建议，帮助相关方及时调整和改进工程质量。

数字化工程审计和传统审计在沟通与交流方面也存在密切的联系。传统审计中，沟通通常依赖于面对面的会议和书面报告，这可能导致信息传递的延迟和交流的困难。而数字化工程审计则通过应用现代化的沟通与协作工具，改进了沟通的方式，促进了信息共享和团队协作。

举例来说，数字化工程审计可以利用在线协作平台和即时通信工具，为团队成员提供实时的沟通和协作环境。通过在线平台，审计人员可以共享文档、报告和数据，并进行实时的讨论和决策。这样，团队成员可以更方便地就审计结果和发现进行交流，并及时地提出问题和建议。

此外，数字化工程审计还可以利用虚拟会议和远程协作工具，实现团队成员之间的远程沟通和协作。无论团队成员身处何地，他们可以通过视频会议和屏幕共享工具，进行实时的视觉交流和信息展示。这大大提高了团队成员之间的协作和交流效率，减少了时间和地域的限制。

例如，考虑一个跨国工程项目的审计团队，其中团队成员分布在不同的时区和地理位置上。在传统审计中，面对面的会议和沟通将成为一个严重的挑战。然而，通过数字化工程审计，团队成员可以利用远程会议和协作工具，进行实时的视觉交流和信息共享。这样，团队成员可以更有效地沟通，并共同解决问题，提高审计的协同效能。

总结起来，数字化工程审计和传统审计在报告和沟通方面存在着密切的联系。通过应用报告管理软件和数据可视化工具，数字化工程审计提高了报告的效率和准确性，同时通过在线协作平台和远程会议工具促进了团队成员之间的沟通与合作。这些应用角度使得数字化工程审计与传统审计相比具有更高的效率、准确性和便利性，提供了更优质的审计结果和决策支持。数字化工程审计的应用将继续推动审计领域的发展和创新，为工程项目的质量和效益提供更好的保障。

第五节　章节结论

工程审计数字化是指将传统的审计方法和过程转化为数字化形式，通过计算机和相关软件进行自动化处理、数据分析和存储等操作，提高审计效率和准确度。数字化工程审计则是指通过数字技术和数据分析工具对工程项目进行审计的方法，基于计算机系统和相关软件，对项目数据进行采集、处理、分析和存储，以实现准确、高效的数据处理和审计分析。数字化工程审计的优势在于可以提高审计效率,减少人为错误,并利用数据分析工具进行更全面的分析和预测。

从流程和过程角度来看,工程审计数字化和数字化工程审计与传统审计之间存在着密切的联系。工程审计数字化着重于改进审计过程的数字化和自动化,以提高效率和准确性。在传统审计流程中,审计人员通常依赖于手工记录和纸质文件,这可能导致信息的不准确和丢失,同时也花费了大量的时间和资源。而工程审计数字化通过应用现代的技术和工具,改进了数据收集、处理和分析的流程,减少了手工操作和减轻了人为错误的风险。

与之相比,数字化工程审计更聚焦于应用数字技术和工具来改进审计过程,并提供更全面和准确的审计结果。这包括利用物联网、大数据分析和人工智能等技术,收集大量工程数据并进行分析。通过数字化工程审计,审计人员可以更快速地收集和整理数据,并利用先进的分析方法来发现潜在的风险和问题。这种数字化工程审计的方法使得审计流程更趋向于智能化和高效化,提高了审计的效率和准确性。

从应用角度来看,工程审计数字化和数字化工程审计与传统审计之间也存在着密切的联系。数字化工程审计注重应用现代技术和工具,提高数据管理和报告生成的效率。传统审计通常依赖于手工记录和纸质文件,这导致了数据处理的烦琐和耗时。而在数字化工程审计中,利用电子表格、数据库和在线文档等工具,审计人员可以更高效地管理和处理数据,从而减少了人为错误和处理时间。

与之相对应,工程审计数字化将重点放在应用数字技术和工具来提高审计的效能及准确性上。通过应用数据分析和机器学习等技术,数字化工程审计可以对大量数据进行分析和挖掘,从中发现可能存在的问题、趋势和模式。这可以帮助审计人员更准确地评估和识别风险,提供更有针对性的建议和解决方案。数字化工程审计通过数据分析和可视化工具,将复杂的数据以图形、图表和仪表板的形式展示,使得审计人员和决策者更容易理解和解释数据。

在工程审计领域,工程审计数字化和数字化工程审计的出现为传统审计带来了新的思路和发展方向。从流程和过程角度来看,这两个概念通过应用数字技术和工具,改进了数据收集、处理和分析的方式,提高了审计的效率和准确性。从应用角度来看,工程审计数字化和数字化工程审计注重应用现代化的技术和工具,提高了数据管理和报告生成的效率。两者共同努力,使得审计过程更加高效、准确和可信。然而,尽管工程审计数字化和数字化工程审计在应用数字化技术方面取得了一定的进展,但在实践中仍面临一些挑战。首先,数字化工程审计需要审计人员具备相关的技术和数据分析能力,以适应数字化工具的应用和解读复杂的数据分析结果。其次,数据安全和隐私保护也是一个重要问题,审计人员需要确保数据的安全性和合规性,遵守相关的法律和道德准则。此外,数字化工程审计还需要不断跟进和适应技术的发展,以保持与时俱进。

随着科技的飞速发展和数字化转型的加速,工程审计领域将面临更多的机遇和挑战。数字化工程审计和工程审计数字化的发展将继续推动传统审计方法的改进和创新。未来,我们可以预见数字技术和人工智能的广泛应用,将进一步提高审计过程的智能化和自动化程度。同时,随着数据分析和预测能力的提升,审计人员可以更准确地识别潜在的风险,并提供更具针对性的建议和改进方案。

在数字化工程审计和工程审计数字化的推动下,工程审计将迎来更高效、更准确和更可靠的评估和审核。通过不断的学习和探索,工程审计专业人员可以充分利用数字技术的优势,更好地为工程项目提供质量保证和风险管理。同时,审计机构和相关政府部门也应积极推动数字化工程审计和工程审计数字化的应用和发展,为工程项目的可持续发展和社会利益做出贡献。

综上所述,工程审计数字化和数字化工程审计与传统审计之间存在着密切的联系。通过应用数字技术和工具,改进了审计过程的数字化和自动化,提高了数据管理、分析和报告的效率和准确性。这一发展趋势将为工程审计领域带来更大的发展与创新。工程审计专业人员应不断学习和提升自身的技能,以适应数字化工程审计和工程审计数字化的需求,并积极参与和推动相关的研究和实践。同时,审计机构和相关政府部门也应加强合作,为数字化工程审计和工程审计数字化提供支持和指导。为了实现数字化工程审计和工程审计数字化的目标,我们还需要关注一些关键问题。首先,人力资源的培养和发展非常重要。为了适应数字化工程审计和工程审计数字化的需求,培养具备相关技术和数据分析能力的审计人员至关重要。其次,数据安全和隐私保护是一个重要问题。在收集、处理和存储大量工程数据时,必须确保数据的安全性和合规性,遵循相关的法律和规定。最后,标准的制定和规范的建立也是必要的。制定适应数字化工程审计和工程审计数字化的标准和规范,有助于保证审计的准确性和可信度,并促进行业的发展和提升。

第三章　工程审计数字化交叉学科理论机理及技术

第一节　工程审计数字化交叉学科理论机理

工程审计的数字化转型是一场深植于跨学科交融的创新之旅,亦是凭借多学科理论的综合性运用而展开的科学探索。图 3-1 所整理的内容是对数字化机理的概括。为了构筑起工程审计数字化的完备科学体系,首要之举在于依托管理学、会计学、信息系统等相关学科领域的理论,搭建起科学的理论架构,从而明晰揭示工程审计数字化的核心机理以及关键要素。其次,通过深入研究和实证分析,验证和完善这一科学体系,以确保其可靠性和普适性。这些理论包括数据采集与处理、数据分析与决策支持、信息系统与数据管理等方面。科学体

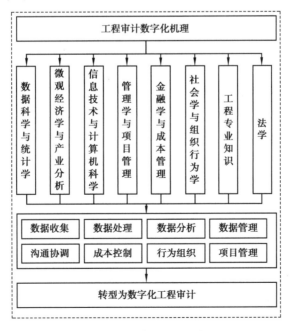

图 3-1　数字化机理概括

系的建立不仅可以提供对工程审计数字化机理的清晰认知，还可以指导实践中的工程审计数字化应用，并为学术研究和专业实践提供理论依据。同时，这种交叉学科的发展不仅提高了审计工作的精细度与透明度，更为工程审计向智能化、自动化方向迈进开辟了前所未有的路径。通过构建高效协同的数字化流程框架，不仅加速了审计信息的处理与分析速度，还极大地提升了审计结论的准确性和权威性，为工程项目的健康、可持续发展奠定了坚实的基础。

一、数据科学与统计学

在初步数字化阶段，数据科学和统计学主要帮助解决数据来源、数据清洗、数据预处理等问题。在这个阶段，数据可能来自不同的源头，数据质量参差不齐，数据格式不统一，需要进行数据预处理，为后续的数据分析做好准备。数据科学和统计学提供了诸如数据预处理（如缺失值填补、异常值处理等）、数据探索性分析、数据可视化等技术和方法，帮助审计人员更好地理解和分析数据。数据科学和统计学在数据收集和整理方面提供了不同的方法和技术。在此初步数字化阶段，数据科学的方法可以包括使用传感器、物联网设备或其他自动化工具收集大量实时数据，并应用数据清洗方法来处理缺失值、异常值和重复数据。同时，统计学的方法可以应用于采用抽样调查技术和问卷设计来收集样本数据，并利用数据整理方法进行数据聚合和处理，以便进行更深入的分析。

在成熟数字化阶段，数据科学和统计学主要被应用于数据的深度分析和挖掘。通过利用机器学习、人工智能等先进的数据分析技术，从海量的数据中提取有价值的信息和知识，发现数据背后的规律和趋势，为审计决策提供科学依据。例如，利用机器学习的分类或聚类算法，可以对工程项目进行有效的分类或聚类，帮助审计人员更好地把握项目的整体情况和风险。

基于工程审计数字化的初步和成熟数字化过程中，数据科学和统计学作为交叉学科，可以相互借鉴和结合，共同应用于工程审计数据的处理、分析和解释。以下综合解释数据科学与统计学的交叉学科应用方法和技术。

数据预处理与清洗：数据科学和统计学相互借鉴，共同应用于工程审计数据的预处理和清洗。数据科学的方法和技术，如数据清洗、缺失值处理和异常检测等，可以帮助统计学方法在工程审计数据中获得更准确的结果。而统计学中的数据处理技术，如缺失数据的插补和异常值的替换，可以辅助数据科学方法更好地处理工程审计数据。

数据挖掘与模式识别：数据科学和统计学的交叉学科应用可以运用数据挖掘和模式识别技术来发现工程审计数据中的隐藏规律和趋势。数据挖掘技术包括关联规则挖掘、聚类分析、分类算法和异常检测等方法，可以帮助审计人员从庞大的数据中提取有用的信息和模式。统计学的模式识别方法结合了参数估计和假设检验，可以识别工程审计数据中的统计特征和模式，预测未来结果，并支持风险评估和决策制定。特征选择和变量筛选是数据挖掘与模式识别过程中的重要环节，它们通过提高数据质量、减少计算成本、改善模型性能等方式,为数据挖掘与模式识别的成功应用提供了有力支持。数据科学技术,如特征工程和降维方法等,可以帮助统计学家在工程审计数据中选择最具代表性的特征和相关变量。统计学的方法,如方差分析和回归模型,可以辅助数据科学技术识别关键的影响因素和变量,进一步提高工程审计数据的分析和解释能力。特征选择和变量筛选的方法多种多样,包括过滤方法(如信息增益、互信息、卡方检验等)、嵌入方法(如支持向量机中的特征选择)以及基于模型的方法(如随机森林的特征重要性评估)。数据科学技术(如特征工程和降维方法)与统计学方法(如方差分析和回归模型)相辅相成,共同作用于工程审计数据的深度分析,精准识别关键影响因素与变量,极大提升了数据的解释力与预测准确性,推动工程审计工作的智能化、高效化转型注入了强大动力。

建模与预测分析:在工程审计数字化的初步探索至成熟应用阶段,数据科学与统计学的交叉融合显著提升了建模与预测分析的效能。数据科学,特别是机器学习与深度学习技术,赋能统计学以构建更为精准、适应性强的预测模型与分类器。这些模型能够精准捕捉审计数据的复杂模式,有效识别潜在风险与异常行为。

与此同时,统计学的深厚根基——回归分析、时间序列分析及因果分析等方法,为数据科学模型提供了坚实的解释与推断基础。它们不仅增强了模型的可解释性,还深化了对数据背后影响因素及关联机制的理解,从而提升了预测分析的准确性与可靠性。同时,数据科学与统计学之间存在协同效应。机器学习与深度学习算法擅长于高效提取工程审计数据的特征,精准识别模式,并实现精细化的分类预测。而统计学的回归分析、因子分析及主成分分析等技术,则擅长于提炼关键变量,构建结构化的分析模型,深入剖析数据间的复杂关系与潜在规律。

时间序列分析与趋势预测:工程审计数字化过程中,数据科学与统计学的交叉学科应用还涉及时间序列分析和趋势预测。通过统计学的时间序列分析方法,如自回归移动平均模型(ARIMA)、季节性分解、指数平滑等,审计人员可以识别数据中的趋势、季节性和周期性。同时,数据科学中的时间序列预测技术,如长短期记忆网络(LSTM)、卷积神经网络(CNN)等,可以用于更准确地预测工程审计数据的未来趋势。此外,深度学习与人工智能技术以其强大的自动特征提取能力、处理非线性关系的能力以及算法优化和多模态数据融合的优势,为时间序列分析与趋势预测提供了强有力的支持。深度学习是一种基于神经网络的机器学习方法,可以通过感知器、卷积神经网络和循环神经网络等模型进行特征提取和模式识别,适用于工程审计数据中复杂关系的建模和预测。人工智能技术在工程审计中可以应用于自动化处理和决策支持,例如利用自然语言处理技术,自动生成审计报告或提供实时问题解答。

可视化与交互分析:数据科学和统计学的交叉学科应用可以共同促进工程审计数据的可视化和交互分析。数据科学的可视化技术,如数据图表、热力图和地理信息系统等,可以帮助统计学更好地表达、展示工程审计数据的特征和趋势。而统计学的交互式分析方法,如可视化工具和动态展示,可以为数据科学提供更多维度的数据探索和交互式分析能力。

风险评估和决策支持:数据科学和统计学结合应用可以提供更全面的风险评估和决策支持能力。数据科学的数据挖掘和预测模型技术可以帮助审计人员识别潜在的风险和异常模式,进行风险量化和预测。同样,统计学的风险分析方法,例如概率分布和模拟方法,可以衡量风险事件的概率和影响,并帮助制定相应的风险管理策略和决策。

高维数据分析与处理:在工程审计数字化过程中,数据科学和统计学的交叉学科应用还需要处理高维数据。高维数据具有多个变量或特征,其分析和处理较为复杂。数据科学的方法,如主成分分析、特征选择技术(如 LASSO 和岭回归)以及相关性分析等,可以帮助降低维度、提取关键特征,以便更好地理解和解释高维工程审计数据。统计学的多元统计方法和线性模型等技术可以在高维数据中发现变量之间的关联模式,提供更全面的分析和建模。

数据隐私与信息安全:在工程审计数字化过程中,数据隐私和信息安全是非常重要的考虑因素。数据科学和统计学的交叉学科应用方法和技术需要确保审计数据的机密性和保密性。数据科学方法中,隐私保护技术,如数据脱敏、差分隐私和同态加密等,可以帮助保护个人身份和敏感数据。统计学中的安全技术,如加密数据传输和安全的计算协议,可以保护数据在传输和处理过程中的安全性。

二、微观经济学与产业分析

微观经济学和产业分析关注经济环境中的个体企业和市场的行为和相互关系。在初步数字化阶段,可以利用微观经济学的原理和方法来分析工程项目所处的市场结构、竞争力和供需关系等方面的经济因素。通过产业分析,可以了解相关产业的市场规模、竞争格局、技术趋势以及主要参与者的情况。在成熟数字化阶段,可以应用数据分析和机器学习技术,基于大量的市场和经济数据,对工程项目所在的产业进行更深入的分析和预测。

基于工程审计数字化从初步迈向成熟数字化转型的进程中,微观经济学和产业分析的应用方法和技术可以从两个维度来解释。

第一个维度是微观经济学的应用。微观经济学是研究个体经济主体(如企业和消费者)行为和市场交互的学科。在工程审计数字化的初步阶段,微观经济学的理论和方法可以应用于工程审计数据中涉及的经济主体行为分析。例如,通过研究企业的生产决策、成本结构和市场行为,可以评估工程项目的经济效益和市场竞争力。同时,微观经济学的理论和模型可以用于评估工程所在产业的市场结构和竞争力。通过分析市场的供给和需求条件、市场集中度以及竞争策略,可以识别市场中存在的问题和风险,并为工程审计提供相应的决策支持。

在工程审计数字化转型的成熟期,微观经济学的应用可进一步扩展,从价格分析和市场行为预测方面,微观经济学的方法和模型可以用于工程审计数据中的价格分析和市场行为预测。通过对市场需求变化、供给弹性和市场竞争关系的研究,可以预测价格趋势和市场行为,并帮助制定有效的工程审计策略和决策选择。另一方面,从成本效益分析和经济评估角度讲,微观经济学的理论框架可以用于工程项目的成本效益分析和经济评估。通过对工程投资的成本和回报进行定量和定性分析,可以评估工程项目的经济可行性,为工程审计决策提供经济效益评估和投资决策支持。

第二个维度是产业分析的应用。产业分析是研究特定产业(如能源、建筑、制造等)各要素相互关系和竞争力的分析方法。在工程审计数字化的初步阶段,产业分析关注产业的供应链、价值链、竞争关系和产业结构。通过对工程审计数据中涉及的产业链条和价值链的分析,可以识别产业发展的瓶颈,评估产业竞争力,为工程审计的战略规划提供依据。同时,微观经济学的应用可以帮助评估工程项目的经济影响和投资决策。通过分析工程项目对就业、GDP、税收等经济指标的影响,可以评估项目对经济增长和社会福利的贡献,进而对项目的可行性进行评估和决策。产业分析的方法和技术还可以用于评估工程项目中涉及的供应链的可靠性和稳定性。通过分析供应链中的关键环节和潜在风险,可以预测供应链中的瓶颈和漏洞,并制定相应的风险管理策略,以确保工程项目的顺利进行。此外,微观经济学和产业分析可用于评估工程项目所涉及产业的竞争战略和市场潜力。通过分析市场需求、市场结构和竞争对手的行为,可以识别潜在的市场机会和竞争优势,并制定相应的战略,为工程审计提供决策支持。

微观经济学和产业分析的应用方法和技术在工程审计数字化的初步和成熟数字化过程中是非常有价值的。通过综合应用数据科学、统计学、微观经济学和产业分析的工具和理论,可以更全面、准确地分析工程审计数据,评估工程项目的经济效益和影响,提供决策支持,促进产业发展和可持续发展。

此外,微观经济学和产业分析的交叉应用在工程审计初步和成熟数字化过程中提供了全面的经济视角和决策支持,为工程项目的可持续发展和创新提供了坚实基础。随着数据采集、处理和分析技术的不断发展,这种应用也将更加深入和精细化,从市场结构与竞争分析到成本效益分析与经济影响评估,再到技术创新与产业发展,微观经济学和产业分析的融合为工程审计提供了多维度的支持和指导,如微观经济学的市场结构理论和产业分析的方法共同应用于工程审计数据中,以评估工程所涉及的市场结构和竞争状况。微观经济学的理论和指标(如市场份额、集中度指数)用于描述市场竞争的程度,而产业分析的方法(如五力模型和行业链分析)用于评估产业内的竞争力因素和市场关系,从而揭示可能的风险和机会,支持工程审计决策,再如通过微观经济学的成本效益分析,可以评估工程项目的成本和回报,帮助决策者判断工程项目是否具有经济可行性,而产业分析的经济影响评估方法可以考虑工程项目对就业、GDP 增长和产业结构调整的影响,帮助评估工程项目对经济的影响程度和贡献等。这种综合应用不仅有助于发现潜在的机遇和挑战,还可以为未来的发展方向提供重要的参考。通过整合更多的数据源和引入先进的分析方法,工程审计可以更准确地评估市场环境、产业结构和供应链风险,从而更好地指导工程项目的决策和管理。

这一跨学科的交叉应用,为工程审计数字化的初步和成熟数字化过程提供更全面的经济、市场、产业和政策的视角。通过综合运用微观经济学和产业分析的方法和技术,可以更好地理解工程项目的经济特征和产业环境,更准确地评估工程项目的经济效益和市场竞争力，以实现更好的工程审计决策和业务。

三、信息技术与计算机科学

在工程审计的数字化转型之路上，从初步探索到成熟应用，信息技术与计算机科学的深度融合为这一进程注入了强大的动力。

在数据采集与存储的智能化演进进程中，数字化初期，工程审计领域经历了一场从纸质到电子的变革。审计人员开始尝试将手工填写的表格与电子化存储相结合，逐步将繁重的纸质文档转化为便捷可查的电子文档。这一过程中，可以利用信息技术的数据库管理系统、数据仓库和数据挖掘技术来收集、存储和管理大量的工程项目数据。通过计算机科学的数据处理和数据分析技术，可以对数据进行清洗、转换和整理，以生成结构化的数据集，为后续的分析和决策提供基础。在成熟数字化阶段，自动化数据采集技术，如传感器、RFID 等物联网手段的引入，使得工程项目现场的数据能够实时、准确地被捕捉并传输至后台系统。而大数据平台的构建，则进一步实现了多源数据的集成、集中存储与统一管理，为复杂数据分析提供了强大的数据支撑，显著提升了审计工作的效率与精准度。此外，可以运用计算机科学的大数据技术、云计算和边缘计算等，实现大规模数据的高效处理和存储，并利用机器学习和人工智能算法进行智能化的数据分析和决策支持。

在数据分析领域，工程审计同样经历了从基础到高级的跨越。初期，审计人员主要依赖 Excel、SPSS 等统计软件，对采集到的数据进行简单的统计分析，如求和、平均值计算及频数分析等。尽管这些分析手段在一定程度上满足了基础需求，但其局限性也日益显现。为了挖掘数据背后的深层价值，审计人员可以通过数据挖掘技术，如关联规则挖掘、聚类分析等，以期发现数据中的潜在规律与异常点。然而，随着数据量的爆炸式增长，传统方法已难以满足高效、精准的分析需求。在这一背景下，机器学习与深度学习等人工智能算法的应用，为数据分析带来了革命性的变化。它们能够自动从海量数据中提取特征、构建模型，并进行深度分析与预测，从而极大地提高了分析的准确性与效率。同时，实时数据分析能力的实现，使审计人员能够迅速响应市场变化，及时发现并预警潜在风险与问题。

在决策支持与报告生成的智能化变革阶段，数字化初期，审计人员主要通过利用信息技术的数据可视化技术和可视分析工具，将工程项目数据以图表、图形和地图等形式进行可视化展示辅助决策者进行决策。然而，这一过程中仍需大量人工编辑与整理工作，影响了报告生成的效率与准确性。随着技术的不断成熟，智能报告生成系统应运而生。该系统能够根据分析结果自动生成审计报告，大幅减少了人工干预，提高了报告生成的效率与准确性。并通过计算机科学的模拟和虚拟现实技术，可以构建工程项目的数字模型，进行仿真和实验，评估不同方案对成本、效率和可持续性的影响，并支持决策制定。

信息技术和计算机科学的应用可以促进工程审计过程中的协同合作和系统集成。在初步数字化阶段，通过应用协同工具和平台，不同部门和团队可以实现实时协作、共享信息和文档，提高工作效率和沟通效果。利用计算机科学的集成技术和系统开发，可以将工程审计所需的各种工具、软件和数据库等进行集成,实现数据的无缝流通和综合分析。在成熟数字化阶段,还可以通过应用工作流程管理和自动化技术,优化审计过程中的任务分配、进度控制和质量管理。

工程审计数字化的成功转型离不开信息技术与计算机科学的深度融合与创新。信息技术为数据采集、存储、处理与传输提供了强有力的技术支持;而计算机科学则通过算法与技术的不断创新,推动了数据分析与挖掘的智能化升级。两者的交叉应用不仅颠覆了传统的审计模式,更在提升审计效率、准确性与决策支持能力方面发挥了不可替代的作用。这些应用可以提高工程审计的效率、准确性和安全性,推动工程项目的优化和可持续发展。同时,这也为工程审计领域的研究和实践带来了更多的机遇和挑战,需要不断跟进最新的技术发展和专业知识,创新应用于实际工程项目中。

除此之外,信息技术和计算机科学在工程审计领域的多维度应用及其带来的深远影响,涵盖了自动化与智能化、安全与隐私保护、可追溯与质量控制、检查与监控、实时监测与预警,以及跨界融合与创新等多个方面。

从自动化和智能化维度出发,信息技术和计算机科学的应用可以加快工程审计过程的自动化和智能化。在初步数字化阶段,利用信息技术的自动化工具和流程,可以减少手动操作和重复任务,提高工作效率和准确性。借助计算机科学的人工智能和机器学习技术,可以开发智能算法和模型,对工程项目数据进行自动分析和识别潜在问题。在成熟数字化阶段,可以应用物联网、大数据和云计算等技术,实现工程项目数据的实时采集、自动处理和存储,进一步提高审计过程的自动化水平。

从安全和隐私保护维度出发,信息技术和计算机科学也关注工程项目数据的安全性和隐私保护。在初步数字化阶段,信息技术可以包括网络安全措施、数据备份和灾难恢复等,保障工程项目数据的完整性和可用性。计算机科学则致力于研发加密和隐私保护技术,确保敏感数据在存储、传输和处理过程中的安全。在成熟数字化阶段,可以应用区块链技术,实现工程项目数据的去中心化和不可篡改,保证数据的安全性和可信度。

从可追溯与质量控制维度出发,信息技术和计算机科学的应用可以提供审计过程的可追溯性和质量控制。在初步数字化阶段,通过应用信息技术的日志记录、版本控制和审计轨迹等,可以跟踪和记录工程审计的操作和决策过程,确保审计结果的可靠性和可审计性。同时,计算机科学的质量控制方法和技术可以应用于审计过程中的数据质量评估、异常检测和错误纠正等,确保数据的准确性和一致性。在成熟数字化阶段,还可以利用人工智能和数据挖掘技术,对审计过程进行质量预测和改进,提高审计的效率和质量水平。

从实时监测和预警维度出发,信息技术和计算机科学的应用可以实现对工程项目的实时监测和预警。在初步数字化阶段,可以利用信息技术的传感器网络和数据采集技术,收集关键参数和状态信息,及时监测工程项目的运行情况。借助计算机科学的数据分析和模式识别技术,可以实时处理和分析采集到的数据,根据设定的预警规则,提前发现潜在的问题或异常情况,并及时采取相应的措施。在成熟数字化阶段,还可以应用人工智能和大数据技术,构建预测模型和智能预警系统,通过对历史数据和实时数据进行分析和学习,提供更准确和及时的预警信息,帮助预防事故和优化项目管理。

从跨界融合和创新维度出发,信息技术和计算机科学的交叉应用还促进了工程审计与其他领域的融合与创新。在初步数字化阶段,可以将信息技术和计算机科学与工程审计的专业知识和经验相结合,开展创新性的研究和实践,提出新的审计方法和标准,推动工程审计的发展。同时,利用信息技术的开放平台和应用编程接口(API),可以实现工程审计与其他领域的数据共享和集成,例如与智慧城市、物联网和建筑信息模型(BIM)等领域进行跨界数据融合,为工程审计提供更全面的数据支持和更高级的分析工具。

四、管理学与项目管理

在工程审计的数字化进程中,管理学与项目管理的深度融合显著增强了沟通与协作的效率。管理学中的沟通理论可以指导管理者如何建立有效的沟通渠道和机制,以促进团队成员之间的信息传递和共享,提高协作效率和沟通效果,确保了审计团队内部成员间以及与关键利益相关者的信息流畅传递与全面共享。同时,引入项目管理的先进方法与技术,如工作分解结构(WBS)和资源分配技巧,来精细规划审计工作的各项流程与任务分配,进而提升了团队的协作效率与沟通质量。管理学和项目管理在工程审计数字化的初步和成熟数字化过程中有着重要的交叉应用方法和技术。从五个维度来综合解释这种交叉应用。

绩效管理维度:管理学和项目管理的应用可以用于工程审计过程中的绩效管理。在初步数字化阶段,利用管理学中的绩效评估方法和绩效指标体系,可以对工程审计的整体绩效进行评估与监控。项目管理的方法和技术可以用于设定合适的目标和里程碑,制定评估指标和追踪工程审计过程的达成情况。通过信息技术和计算机科学的应用,可以实时收集并分析相关数据,为工程审计的绩效评估提供客观的依据。在成熟数字化阶段,可以应用项目管理的敏捷方法和敏捷团队,对工程审计进行迭代式管理和持续优化,确保审计过程的高效、准确和有价值的交付。

风险管理维度:管理学和项目管理的应用还可以用于工程审计过程中的风险管理。在初步数字化阶段,利用管理学中的风险识别和评估方法,可以对潜在风险进行辨识和经济性分析。项目管理的风险管理方法和技术可以应用于工程审计过程中的风险识别、规避和应对。通过信息技术和计算机科学的应用,可以建立风险管理的数据库和支持系统,对风险进行实时监测和警示,并制定相应的应对策略。在成熟数字化阶段,可以利用项目管理的风险管理模型和工具,对工程审计中的风险进行量化分析和决策支持,采取合适的风险控制措施,确保项目的成功交付和审计的有效管理。

资源管理和优化维度:管理学和项目管理的应用还可以用于工程审计过程中的资源管理和优化。在初步数字化阶段,可以利用管理学中的资源管理理论和方法,对审计过程中所需的人力、物力、财力等资源进行规划和管理。项目管理的方法和技术可以应用于资源的调配和优化,确保审计过程中资源的合理利用和最大回报。通过信息技术和计算机科学的应用,可以建立资源管理的数据库和信息系统,实现对资源的实时监控和追踪,以及资源的动态调整和分配。在成熟数字化阶段,还可以应用人工智能和数据分析技术,对审计过程中的资源需求进行预测和优化,提高资源管理的精确性和效率。

质量管理和过程优化维度:管理学和项目管理的应用还可以用于工程审计中的质量管理和过程优化。通过管理学中的质量管理理论和方法,可以建立有效的质量管理体系以确保工程审计结果的准确性和质量。项目管理的质量管理技术可以应用于工程审计项目的质量控制和过程改进,以提高审计的质量和效率。利用信息技术和计算机科学的应用,可以建立质量管理的数据分析平台和工具,实时监测和分析审计过程中的关键指标,帮助识别和解决潜在的质量问题,并优化审计过程。这些方法和技术有助于提高工程审计的质量、准确性和效率,促进项目的成功交付和审计的有效管理。

时间管理和进度控制维度:管理学和项目管理的应用可以帮助管理工程审计的时间管理和进度控制。通过管理学中的时间管理理论和方法,可以制订合理的时间计划和工作安排,确保工程审计按照预定进度顺利进行。项目管理的方法和技术可以应用于构建工程审计项目的工作分解结构(WBS),制订里程碑和关键路径,以及跟踪和控制工程审计项目的进度。利用信息技术和计算机科学的应用,可以应用项目管理软件和工具,进行进度计划、资源分配和时间跟踪,提供实时和可视化的进度控制和报告,帮助工程审计项目的管理者更好地管理和控制时间成本。

费用管理和成本控制维度:管理学和项目管理的应用还可以在工程审计中进行费用管理和成本控制。通过管理学中的成本管理理论和方法,可以制订合理的费用预算和成本控制计划,确保工程审计的成本在可接受的范围内。项目管理的方法和技术可以应用于建立工程审计项目的成本管理体系,跟踪和控制项目的费用支出,并进行成本效益分析。利用信息技术和计算机科学的应用,可以利用财务管理软件和工具,进行费用的预测和跟踪,提供实时的成本控制和报告,帮助管理者优化资源利用,降低成本,提高审计的效益。

通过综合运用管理学和项目管理的交叉应用方法和技术,工程审计数字化的初步和成熟数字化过程可以得到更好的时间管理和进度控制,从而提高审计过程的时效性、经济性和效率,有助于工程审计的顺利进行和成功交付。同时,通过信息技术和计算机科学的支持,管理学和项目管理的方法和技术还可以提供实时数据分析和决策支持,帮助审计团队做出准确的时间和成本决策,确保工程审计达到预期的目标和效果。这将推动工程审计的数字化进程,并为工程审计的管理者提供更多的工具和支持,促进工程项目的优化和可持续发展。

五、金融学与成本管理

金融学和成本管理与工程审计学科交叉融合的机理是通过对工程项目进行全面、系统的审核,运用金融学和成本管理的理论和方法,评估工程项目的经济效益和财务合规性。这包括对工程项目成本的控制、资金流的监控、风险管理等方面,以确保工程项目的顺利进行和资源的有效利用。金融学为工程审计提供了资金监控和分析的工具，而成本管理为工程审计提供了成本控制和优化的方法。两者结合，共同构成了工程审计中金融学与成本管理的理论体系。

金融学和成本管理在工程审计数字化的初步和成熟数字化过程中有着重要的交叉应用方法和技术。

资本结构和资金筹集维度：金融学为工程审计提供了丰富的资金筹集理论与工具，如资本结构理论（MM 定理、权衡理论等）帮助审计团队理解不同融资方式对项目成本的影响，优化资本结构以降低融资成本。审计人员可以通过利用金融市场分析工具（如利率预测模型、资本成本估算等）用于评估不同融资渠道的成本与风险，确定为项目选择最合适的融资方案，帮助审计人员发现异常。成本管理的技术可以应用于评估资金筹集的成本和效益，可以帮助被审计单位制订资金筹集计划和策略。通过信息技术和计算机科学的应用，可以建立资本结构和资金筹集的模型和工具，辅助管理团队进行资本结构的优化和资金筹集的规划与控制，这些方法和技术有助于确保被审计单位的项目管理制度合理，同时也有助于审计管理者在进行工程审计时，根据资本结构的优化和资金筹集的需求，确保审计项目的资本支持和资金供给的可靠性。

资金流动管理和财务规划维度：金融学和成本管理的交叉应用还可以应用于工程审计中的资金流动管理和财务规划。通过金融学中的资金流动模型和方法，可以预测和管理审计项目的资金流动，包括资金的来源和运用。成本管理的技术可以用于建立财务规划，制订合理的预算和费用控制策略。利用信息技术和计算机科学的应用，可以建立资金流动管理和财务规划的系统和工具，实时监测和控制审计项目的资金流动，并提供财务报表和分析。这些方法和技术有助于审计团队在进行工程审计时，有效管理资金流动，进行财务规划，确保审计项目的资金需求和财务目标的实现。

投资决策和风险管理维度：金融学和成本管理的应用还可以用于工程审计中的投资决策和风险管理。在初步数字化阶段，金融学的理论和方法可以帮助审计团队评估投资项目的潜在回报和风险。成本管理的技术可以应用于进行投资成本的估算和管理，并制定合理的风险管理措施。通过信息技术和计算机科学的应用，可以建立投资决策和风险管理的模型和工具，支持审计团队进行投资决策的分析和风险控制。在成熟数字化阶段，还可以运用金融学和成本管理的方法和技术，通过数据分析和模拟，提高投资决策的准确性和风险管理的有效性，确保审计项目取得预期的投资回报和控制风险。

经济评估和投资策略维度：金融学和成本管理的应用可以用于工程审计中的经济评估和投资策略。通过金融学中的经济评估方法和工具，可以对工程审计项目的经济可行性进行评估，进行财务分析和投资回报预测。成本管理的技术可以辅助评估和管理审计项目的成本，包括投资成本、运营成本和维护成本。利用信息技术和计算机科学的应用，可以建立经济评估和投资策略的模型和软件工具，支持投资决策的分析和优化。这些方法和技术有助于审计团队在进行工程审计时，根据经济评估的结果制定合理的投资策略，并在投资过程中进行成本的控制和优化。

风险管理和财务控制方面:金融学和成本管理的应用可以帮助进行工程审计中的风险管理和财务控制。金融学中的风险管理理论和方法可以用于识别、评估和应对审计项目中的各种风险,包括财务风险、市场风险和操作风险等。成本管理的技术可以辅助对风险的成本进行评估,制定相应的财务控制措施。通过信息技术和计算机科学的应用,可以建立风险管理和财务控制的模型和软件工具,对审计项目的风险进行实时监测和控制,并提供财务报表和风险分析。这些方法和技术有助于管理团队在进行工程审计时,有效识别和管理风险,并根据财务控制策略确保审计项目的财务目标的实现。

六、社会学与组织行为学

在工程审计数字化的初步和成熟数字化过程中,社会学和组织行为学的交叉应用方法和技术在以下两个维度发挥了重要作用。

组织行为分析和人员管理维度:社会学和组织行为学的应用可以帮助对工程审计中的组织行为进行分析和人员管理。通过社会学的理论和方法,可以了解审计人员在审计项目中的行为动因和互动关系,以及人际的影响力和组织结构对行为产生的影响。组织行为学的技术可以应用于团队协作和沟通,以促进团队成员之间的有效合作和信息共享。通过信息技术的应用,可以建立人员管理和团队协作的系统和工具,提供实时的协作和反馈机制。这些方法和技术有助于审计团队管理者了解团队成员之间的互动关系和团队协作的效果,并采取相应的管理和培训措施,以提高团队的绩效和减少人员摩擦。

社会影响和变革管理维度:社会学和组织行为学的应用还可以帮助管理工程审计中的社会影响和变革管理。社会学的理论和方法可以用于评估审计项目对相关利益相关方和社区的社会影响,以及影响社会改变的因素和过程。组织行为学的技术可以辅助变革管理,了解和管理组织中的态度和行为变化,以推动审计项目的变革和持续发展。通过信息技术的应用,可以建立社会影响和变革管理的模型和工具,实时监测和评估社会影响和变革效果。这些方法和技术有助于审计项目团队管理者了解审计项目的社会影响和变革需求,并采取相应的变革管理策略,实现审计项目的社会目标和可持续发展。

综合运用社会学和组织行为学的交叉应用方法和技术,可以在工程审计数字化的初步和成熟数字化过程中获得更好的组织行为分析和人员管理、社会影响和变革管理。这将提高审计团队的协作和绩效,同时促进与利益相关方的良好关系。通过信息技术的支持,社会学和组织行为学的方法和技术还可以提供实时数据分析和决策支持,帮助审计管理者做出准确的人员管理和变革管理决策,实现审计项目的目标和可持续发展。这将推动工程审计的数字化进程,并为审计的管理者提供更多的工具和支持,促进工程项目的优化和成功实施。

社会学和组织行为学在工程审计数字化过程中发挥的作用还可以扩展为以下几个方面。

组织文化和价值观:社会学和组织行为学关注组织的文化和价值观,这在数字化过程中尤为重要。数字化转型会对组织文化和价值观产生影响,而这些因素又会影响到数字化转型的接受度和成功度。通过社会学和组织行为学的方法,可以识别和解决数字化转型中的文化冲突和价值观差异,促进组织成员的积极参与和支持。

组织学习和知识管理:数字化过程中,组织学习和知识管理对于成功实施和持续改进至关重要。社会学和组织行为学的视角可以帮助分析和理解组织学习的动态和知识管理的效果。通过有效的知识分享和学习机制,可以提高组织成员的能力和适应能力,推动工程审计数字化的持续发展。

人员培训和发展:数字化转型需要组织成员具备新的技术和能力。社会学和组织行为学的方法可以帮助分析和评估人员的培训需求,并提供相应的培训和发展措施。通过培训和发展,可以提升员工的数字化技能,增强其适应数字化环境的能力,促进数字化转型的成功实施。

管理决策支持:社会学和组织行为学的方法和技术可以为工程审计数字化过程中的管理决策提供支持。通过对组织行为和动态的分析,可以提供数据驱动的决策支持,帮助管理者做出更准确和有效的决策。这可涉及分析组织绩效、人员能力和团队协作等方面的数据,以支持管理者做出基于实际情况和需求的决策。

制定有效的政策和规划:社会学和组织行为学的研究方法可以帮助分析工程审计数字化对组织结构、流程和人员的影响,并为制定相关政策和规划提供支持。通过对组织和人员需求的调查和评估,可以设定合理的目标和指标,并制定相应的政策措施,以推动数字化过程的顺利进行。

促进持续改进:数字化转型是一个持续改进的过程,而社会学和组织行为学可以帮助分析和改进数字化过程中的问题和挑战。通过对组织行为的观察和分析,可以识别出潜在的瓶颈和改进的机会,并采取相应的措施进行优化和改进。这有助于提高工程审计的效率、准确性和可持续性。

综合而言,社会学和组织行为学在工程审计数字化过程中的交叉应用方法和技术扩展了变革管理、团队协作和沟通、组织文化和价值观以及组织学习和知识管理等方面的作用。它们为数字化转型提供了更全面的视角和方法,并帮助组织更好地适应和应对变化。

七、工程专业知识

工程审计数字化在初步和成熟两个阶段中,工程的专业知识与工程审计交叉体现在以下几个方面。

初步数字化阶段:

数据采集和处理:在这个阶段,审计人员需要掌握工程学的专业知识,以了解和掌握工程项目的基本情况和特点,如建筑工程的结构、材料、施工工艺等。同时,他们还需要利用数字化技术对大量的数据进行采集、整理、分析和比对,以发现其中的异常和问题。

工程量清单审核:审计人员需要结合自己的工程学知识和数字化技术,对工程量清单进行审核和比对,以发现其中的误差和问题。这需要对工程项目的具体情况和相关规范有一定的了解和掌握。

施工现场监控:数字化技术也为施工现场的监控提供了更为方便和高效的方法。审计人员可以利用数字化技术建立施工现场的远程监控系统,对施工现场的实际情况进行实时监控和记录,以便及时发现问题并采取相应的措施。

工程图纸数字化处理和审核:在初步数字化阶段,审计人员可以利用工程学的专业知识,对工程图纸进行数字化处理和审核。这包括利用 CAD 软件将纸质版的工程图纸转化为电子版的数字图纸,以及进行图纸的比对、数字化测量、标注等,以发现其中的误差和问题。这样可以提高审计人员对工程项目整体情况的理解和掌握程度。

工程材料和设备的筛选与评估:在这个阶段,审计人员可以利用自己的工程学知识和数字化技术,对工程材料和设备进行筛选和评估。他们可以通过网络、数据库等工具,收集相关的工程材料和设备信息,并利用数字化技术进行对比、分析、筛选等操作,以找到最适合工程项目需要的材料和设备。

工程合同的数字化管理:审计人员可以利用数字化技术,建立工程合同的数字化管理系统。这个系统可以对工程合同的签订、履行、变更等情况进行全面跟踪和监控,并对合同中的关键条款和细节进行审核和把关。这样可以提高审计人员对工程合同的管理水平和效率。

工程进度的数字化监控:审计人员可以利用数字化技术,对工程项目的进度进行数字化监控。他们可以利用项目管理软件等工具,对工程项目的进度进行实时跟踪和监控,以确保项目按时、按质量完成。

工程环境评估:在初步数字化阶段,审计人员可以利用工程学的专业知识和数字化技术,对工程项目进行全面的环境评估。他们可以利用环境影响评估模型、地理信息系统等技术手段,对工程项目的环境影响进行预测、分析和评估,以便更好地了解和掌握工程项目的环保合规情况。

工程安全评估:审计人员可以利用数字化技术建立工程项目的安全评估系统,对工程项目的安全风险进行全面评估和预测。他们可以利用风险评估模型、安全审计软件等技术手段,对工程项目的安全隐患进行分析和排查,以便更好地了解和掌握工程项目的安全状况。

工程量清单的数字化编制:审计人员可以利用数字化技术建立工程量清单的数字化编制系统,对工程量清单进行自动化计算和编制。这样可以提高审计人员对工程量清单编制的效率和准确性。

成熟数字化阶段:

工程数据挖掘和分析:在数字化审计的成熟阶段,审计人员需要更加深入地利用数字化技术对工程数据进行挖掘和分析。他们可以利用人工智能和机器学习等技术,对大量的工程数据进行分类、关联、聚类等操作,以发现其中的隐藏规律和异常情况,从而更好地把握工程项目的整体情况和风险。

工程模型构建和模拟：审计人员可以利用数字化技术建立工程项目的模型，并进行模拟和预测。通过模拟工程的施工过程、材料消耗、成本预算等，审计人员可以更好地了解工程项目的实际情况和可能面临的问题，以便更好地进行审计决策。

工程质量控制：审计人员可以利用数字化技术对工程质量进行全面监控和管理。他们可以通过数字化技术建立工程质量控制系统，对工程质量进行实时监测、预警、评估等，以确保工程项目的质量符合相关标准和要求。

工程决策支持系统：在成熟数字化阶段，审计人员可以建立工程决策支持系统，利用数字化技术为工程项目提供决策依据和建议。这个系统可以利用数据挖掘、人工智能等技术，对大量的工程数据进行分析和模拟，并为工程项目提供最优决策方案。

工程风险管理：审计人员可以利用数字化技术，建立完善的风险管理体系，对工程项目中可能出现的风险进行预测、评估、监控和管理。这可以帮助审计人员更好地了解工程项目的风险情况，并提供有效的风险控制和管理措施。

工程改造和优化设计：在数字化技术的支持下，审计人员可以对原有的工程项目进行改造和优化设计。他们可以利用数字化技术建立模型，对原有的工程进行模拟和分析，并找出其中的问题和不足之处，提出相应的改造和优化设计方案。

工程决策的数字化支持系统：审计人员可以利用数字化技术，建立工程决策的数字化支持系统。这个系统可以利用人工智能、机器学习等技术，对大量的工程数据进行分析和预测，并为工程项目提供最优决策方案和建议。这样可以提高审计人员对工程项目的决策水平和效率。

工程反腐审计：审计人员可以利用数字化技术，建立工程反腐审计系统，对工程项目进行全面的反腐败审计。他们可以利用数据分析、人工智能等技术手段，对工程项目的财务数据、人员信息等进行监测和分析，以便及时发现和揭露腐败行为。

工程绩效评估：审计人员可以利用数字化技术，建立工程绩效评估系统，对工程项目进行全面的绩效评估。他们可以利用数据分析、模型预测等技术手段，对工程项目的经济效益、社会效益等进行评估和预测，以便更好地了解和掌握工程项目的综合效益。

综上所述，工程学和专业知识在工程审计数字化的初步和成熟阶段都发挥着重要的作用。在初步阶段，审计人员需要利用自己的工程学知识和数字化技术对工程项目进行了解、分析和监控；在成熟阶段，他们需要更加深入地利用数字化技术对工程数据进行挖掘、分析和模拟，以便更好地进行审计决策。同时，随着数字化技术的不断发展和应用，工程学和专业知识也将会在工程审计数字化中发挥更加重要的作用。

八、法学

在工程审计数字化的初步和成熟阶段，法律和合规的交叉应用方法和技术需贯穿始终，从初步阶段的数据隐私、网络安全法规遵守，合规性审查，标准合同文本使用，到数据所有权保护,再到成熟阶段的大数据与法律、人工智能与法律的应用限制,数字化审计系统的合规性构建,以及合规风险管理和报告机制的建立,均需严格遵循相关法律法规,确保审计活动的合法性、安全性和有效性。具体来说在收集和处理工程审计数据时,需要遵守相关法律和法规,如《中华人民共和国网络安全法》第四十五条依法负有网络安全监督管理职责的部门及其工作人员,必须对在履行职责中知悉的个人信息、隐私和商业秘密严格保密,不得泄露、出售或者非法向他人提供。

随着人工智能技术的快速发展和广泛应用,工程审计数字化不断发展的进程中,人工智能技术也将会在审计领域得到广泛应用。目前,人工智能相关的政策法规正在不断完善中,以确保人工智能的发展符合伦理、法律和社会价值观的要求。

在中国,政府已经出台了一系列与人工智能相关的政策法规,包括《新一代人工智能发展规划》《促进新一代人工智能产业发展三年行动计划(2018—2020 年)》等。这些政策文件明确了人工智能发展的总体目标、重点任务和保障措施,为人工智能技术应用与各行业的健康发展提供了有力支持。

在工程审计数字化的初步和成熟数字化过程中,法律和合规的交叉应用方法和技术是非常重要的,可以确保审计活动符合法律法规和合规要求。以下是对法律和合规的交叉应用方法和技术的综合解释,并举例说明相关法条。

法律合规框架与政策分析:在工程审计数字化过程中,分析内部管理制度制定是否合规合法,第一步是进行对相关法律及配套规章制度中规定的流程、时间、资金继续系统了解,对比分析制度不符合法律规定的内容。这需要审计团队研究适用的法律法规、行业规范和政府指导文件,以确保工程审计活动符合相关的法律和合规要求。

例如,××集团 2021 年通过并发布的《某某集团关于下发招标管理办法的通知》(××采购监管【2021】2 号),其中第 5 条为管理内容与方法。

"5.1.2 不属于依法必须招标的

5.1.2.2 生产设备、材料采购单项合同估算价在 200 万元及以上的;

5.1.2.3 属于工程建设项目以外的施工单项合同,合同估算价在 200 万元及以上的;

5.1.2.4 生产辅料满足公开采购且一次采购量在 400 万元及以上的或年度分散购买总量在 1 000 万元及以上的。"

该公司制定下发的招标管理办法存在违反《中华人民共和国招标投标法》第三条:在中华人民共和国境内进行下列工程建设项目包括项目的勘察、设计、施工、监理以及与工程建设有关的重要设备、材料等的采购,必须进行招标:(一)大型基础设施、公用事业等关系社会公共利益、公众安全的项目;(二)全部或者部分使用国有资金投资或者国家融资的项目。《必须招标的工程项目规定》(国家发展改革委 2018 年 16 号令)第五条:"本规定第二条至第四条规定范围内的项目,其勘察、设计、施工、监理以及与工程建设有关的重要设备、材料等的采购达到下列标准之一的,必须招标:(一)施工单项合同估算价在 400 万元人民币以上;(二)重要设备、材料等货物的采购,单项合同估算价在 200 万元人民币以上;(三)勘察、设计、监理等服务的采购,单项合同估算价在 100 万元人民币以上。同一项目中可以合并进行的勘察、设计、施工、监理以及与工程建设有关的重要设备、材料等的采购,合同估算价合计达到前款规定标准的,必须招标"。

合规监督与合规报告:在工程审计数字化过程中,合规监督和合规报告是确保合规的重要环节。合规监督涉及监督和审核工程审计活动的合规性,确保其符合适用的法律法规和合规要求。合规报告涉及向监管机构或内部管理层提供关于工程审计合规性的定期报告,以展示合规措施的有效实施和合规风险的管理。例如,《中华人民共和国招标投标法》第十八条规定了招标人可以根据招标项目本身的要求,在招标公告或者投标邀请书中,要求潜在投标人提供有关资质证明文件和业绩情况,并对潜在投标人进行资格审查;国家对投标人的资格条件有规定的,依照其规定。招标人不得以不合理的条件限制或者排斥潜在投标人,不得对潜在投标人实行歧视待遇。工程审计人员可以根据该规定审查被审计单位对工程项目进行招标时是否符合法律规定,是否在投标供应商资格条件上设置排斥或指定投标人的条件。

数据隐私和信息安全保护:在工程审计数字化过程中,保护数据隐私和信息安全是至关重要的合规要求。这涉及采取技术和组织的措施,以保护工程审计数据的机密性和完整性,确保数据的合规性和安全性。

第二节　工程审计数字化技术

通过引入新技术、创新审计方法、应用数字化工具、跟踪技术趋势、持续创新及强化技术培训,推动工程审计数字化转型的进行。进一步地,审计数据分析、模型构建、业务流程优化、可视化技术、组织架构创新、系统集成、审计自动化、知识管理及沟通协作工具的创新应用,为工程审计开辟了更广阔的前景。本文在表3-1中详尽地归纳与整理了电子工程与传感技术、人机交互与用户体验、数据挖掘与机器学习、数据安全及隐私保护这四项工程审计数字化跨学科技术在工程审计初步阶段与成熟阶段的应用情况。这些方法和技术随着不断发展并融入审计工作实践,不仅显著提升了审计工作的效率与质量,还推动了审计工作的智能化、透明化以及协作化进程,从而为工程项目的顺利推进和成功实施构筑起了强有力的支撑保障。

表3-1　工程审计数字化跨学科技术概括

工程审计数字化跨学科技术	初步阶段应用方面	成熟阶段应用方面
电子工程与传感技术	数据采集与传输、数据处理与分析	自动化监控,预测和维护、智能化感知与控制、数据分析与建模等
人机交互与用户体验	用户界面设计、用户反馈与参与	数据可视化与交互、增强现实与虚拟现实技术

工程审计数字化跨学科技术	初步阶段应用方面	成熟阶段应用方面
数据挖掘和机器学习	数据预处理、特征提取、异常检测	模型构建与优化、决策支持、实时监控与预警
数据安全与隐私保护	数据加密、数据脱敏、数据访问与控制	数据备份与恢复、数据防泄露

一、电子工程和传感技术

在工程审计数字化的初步阶段与成熟阶段,电子工程与传感技术的深度融合与应用能够提供强有力的数据采集、实时监测及深入分析支持,进而显著增强工程审计的精确度和有效性。本文针对工程审计初步数字化与成熟数字化这两个阶段,深入探讨了电子工程与传感技术的交叉应用策略及其技术手段。电子工程与传感技术在工程审计数字化各阶段的具体应用流程如图 3-2 所示。

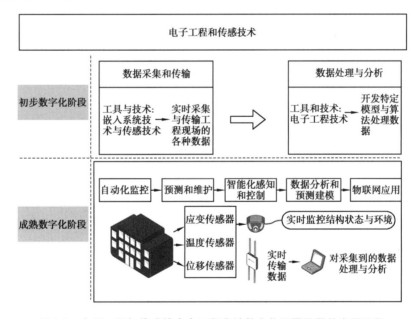

图 3-2　电子工程与传感技术在工程审计数字化不同阶段的应用流程

在初步数字化阶段,对数据进行采集和传输的过程中,利用电子工程技术来设计并开发数据采集和传输系统。例如,通过使用嵌入式系统技术和传感器技术,审计人员可以实时采集和传输工程现场的各种数据。这些数据包括温度、湿度、压力、位移等,为后续的审计分析提供基础数据。这些数据可以通过有线或无线的方式传输,例如通过 LoRa、Zigbee 等低功耗广域网(LPWAN)技术进行传输。

对数据处理和分析的过程中,利用电子工程技术,审计人员可以开发出特定的算法和模型来处理这些数据。例如,审计人员可以使用机器学习算法来预测工程项目的成本或时间等。同时，通过传感器的监测数据，可以进行能耗监测，设备运行状态监测等，为审计人员提供更全面的工程现场信息。

在成熟数字化阶段，工程审计可以实现自动化监控，在这个阶段，审计人员可以利用电子工程技术和传感技术来设计并实现自动化监控系统。通过部署各种传感器，如视频传感器、声音传感器、温度传感器等，监控整个工程现场的情况，将传感器数据与反馈控制系统相结合，实时监测工程项目的运行状态和性能，作出快速有效的反应。通过采用闭环控制系统，可以自动调整和优化工程系统的运行条件，提高系统的效率和可靠性。并将数据实时传输到审计系统中，以便进行实时分析和预警。这种自动化监控系统可以大大提高审计效率，减少人工监控的失误。比如在能源审计中，可以使用电能监测器和电力负荷传感器实时监测建筑物或设备的能耗和电力负荷情况。这些传感器将关键参数发送到数据采集系统，使审计人员能够即时获得能耗水平和负荷情况的信息，通过数据分析技术帮助审计人员快速发现异常。

同时，还可以利用电子工程和传感技术，开发智能感知和控制系统，实现对工程设备和过程的智能监测和控制。例如包括使用智能传感器和自动控制系统来监测和控制建筑物的能源消耗，实现能源的智能管理和节约。WSN是一种基于传感器节点的无线通信网络，可以用于实时数据采集和监测。传感器节点分布在被监测的工程项目中，通过无线通信传输数据。WSN可以应用于建筑能源管理、环境质量监测等领域，以实时获得准确的数据。在一个建筑能源审计中，安装了多个温度传感器和湿度传感器，这些传感器连接成一个WSN网络，定期或实时地采集室内温湿度数据，以评估能源的使用效率。

再者，结合数据分析技术和预测建模方法，利用电子工程的知识和数据科学技术，开发数据分析和预测建模算法，提供工程审计数据的深度分析和预测能力。例如包括使用机器学习和大数据技术分析工程设备的历史数据，预测未来故障和维护需求，提高工程审计的效率和准确性。构建物联网应用系统，在工程设备和过程中实现各种设备的互联和数据交互。包括使用物联网技术将不同的工程设备连接到一起，并通过数据共享和分析实现设备间的协同工作和优化。

除此之外，还可以通过收集大量的工程数据，利用电子工程技术和传感技术可以建立预测和维护系统。该系统可以通过分析这些数据来预测工程设备的性能退化趋势，提前发现可能出现的故障，从而及时进行维护和修复，降低工程现场的停机时间，提高工程的可靠性。

举例来说，假设在一个大型桥梁建设项目中，电子工程和传感技术的交叉应用可以体现在以下几个方面。

数据采集和传输：在桥梁的不同部位部署各种传感器，如应变传感器、温度传感器、位移传感器等，实时监测桥梁的结构状态和环境因素，这些数据通过有线或无线的方式传输到数据中心进行处理。

数据处理和分析：利用电子工程技术对采集到的数据进行处理和分析，例如通过机器学习算法对桥梁的疲劳损伤进行预测，或者对环境因素（如风速、温度等）对桥梁的影响进行分析。

自动化监控:通过部署视频传感器对桥梁的施工情况进行实时监控,通过图像识别技术自动检测并识别桥梁施工过程中的安全隐患,并及时报警提醒审计人员。

预测和维护:通过对桥梁施工过程中的各种数据进行分析,可以预测桥梁的结构性能退化趋势,提前发现可能出现的故障,从而及时进行维护和修复,确保桥梁建设的安全性和可靠性。

通过上述例子可以看出,电子工程和传感技术的交叉应用方法和技术在工程审计数字化过程中的初步和成熟阶段都有着广泛的应用前景,同时也有助于提升工程审计的效率、质量和创新性,推动工程审计数字化的转型。

二、人机交互与用户体验

在工程审计数字化的演进过程中,人机交互与用户体验的深度融合始终发挥着至关重要的作用,其影响广泛而深远,多维度地彰显了技术与人性之间的和谐共生关系。数据可视化的深度实践以及交互性的显著增强,加之 AR/VR 技术集成应用的创新探索,共同构筑了工程审计数字化进程中人机交互与用户体验深度融合的两大核心支柱。这两个维度的交叉融合应用,不但极大地提高了审计系统的易用性和互动性,还有力地推动了信息流的顺畅无阻以及资源共享的广泛达成,为决策者提供了更为全面、深入且富有洞察力的数据支撑。伴随着持续不断地优化用户界面设计、积极吸收并回应用户反馈、大胆探索并创新数据可视化方式以及深入挖掘 AR/VR 等前沿技术的潜能,人机交互与用户体验的深度融合必将进一步助力工程审计数字化迈向更高的层次,更加精准地满足用户的需求和期望,引领行业迈向更加智慧、高效的未来。图 3-3 呈现的是人机交互与用户体验在工程审计数字化初步阶段与成熟阶段的应用流程。

当涉及工程审计数字化的初步和成熟数字化过程时,人机交互和用户体验的交叉应用方法和技术可以具有以下维度和相应示例:

首先,数据可视化与交互性增强的维度上,利用人机交互和用户体验的方法和技术,将原本冗杂的工程审计数据,转化为一系列直观且易于理解的图表、图像乃至动态演示,并提供用户友好的交互方式来探索和分析数据。例如,子交互式图表与地理信息系统(GIS)地图的巧妙结合,不仅直观呈现了工程设备的故障分布与频率态势,更允许用户通过简单的点击、拖曳操作,轻松跨越时间与空间的界限,进行深入的对比分析,从而迅速锁定问题症结,挖掘潜在的优化潜力。

其次,增强现实(AR)与虚拟现实(VR)技术的集成应用,利用人机交互和用户体验的方法,将 AR/VR 技术与工程审计数字化过程相结合,提供沉浸式的体验和更直观的数据可视化。例子包括使用 AR 眼镜或 VR 头盔,工程审计人员可以实时获得项目现场的实时影像,并通过叠加的数字信息层(涵盖设计图纸、施工进度、质量检测报告等多元化内容),实现虚拟与现实的无缝融合,进而显著提升审计工作的效率与精准度。

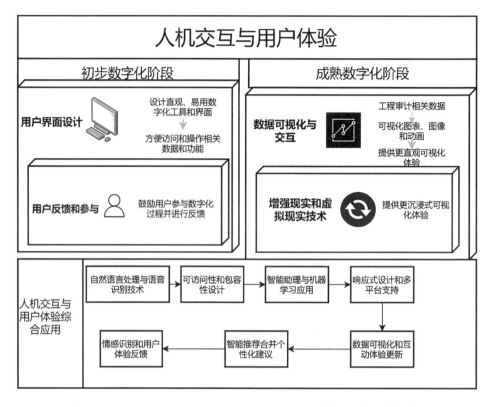

图3-3　人机交互与用户体验在工程审计数字化不同阶段的应用流程

这些示例展示了人机交互和用户体验与工程审计数字化的初步和成熟数字化过程中的交叉应用。用户界面设计、用户反馈和参与、数据可视化与交互，以及增强现实和虚拟现实技术的应用，人机交互和用户体验的交叉应用可以提高工程审计的易用性、信息交流和决策支持，使数字化工具和流程更符合用户需求和期望。

当涉及工程审计数字化的初步和成熟数字化过程时，人机交互和用户体验的交叉应用方法和技术还可以利用自然语言处理（NLP）和语音识别技术，使工程审计人员能够通过自然语言或声音与数字化工具进行交互和控制。例如，包括使用语音识别技术使审计人员可以通过语音命令与数字化工具交互；向系统提出问题或发送指令来获取特定数据或执行操作。

这些示例展示了人机交互和用户体验与工程审计数字化的初步和成熟数字化过程中的交叉应用。自然语言处理和语音识别技术、可访问性和包容性的设计、智能助理和机器学习应用，以及用户培训和支持的提供，人机交互和用户体验的交叉应用可以提高数字化工具的易用性、适应性和个性化支持，从而改进工程审计的效率和用户满意度。

三、数据挖掘和机器学习

数据挖掘和机器学习在工程审计数字化转型中发挥着关键作用，通过自动化和智能化的数据分析，显著提高了审计效率和质量，降低了审计风险，并增强了审计独立性，促进了审计工作的标准化和流程化。工程审计数字化在初步和成熟两个阶段中,数据挖掘和机器学习的交叉应用方法和技术可以体现在以下几个方面。

（一）初步数字化阶段

数据预处理:在机器学习的帮助下,可以进行数据预处理,例如数据清理、缩放和平滑等,以提高数据的质量和准确性,为后续的数据分析提供更好的基础。

特征提取:利用数据挖掘技术,可以有效地从海量的工程数据中提取出与审计相关的特征和信息,例如通过聚类算法对工程的施工过程进行分类,或者通过关联规则挖掘出工程管理过程中的关联关系,为审计人员提供全面的视角。

异常检测:利用机器学习的异常检测算法,可以快速有效地识别出审计数据中的异常和偏差,例如通过孤立森林算法对工程预算的执行情况进行异常检测。

（二）成熟数字化阶段

模型构建与优化:在机器学习的帮助下,审计人员可以构建出各种预测模型,例如决策树、神经网络和随机森林等,对工程项目的风险、成本、质量等方面进行预测和评估。同时,通过不断地优化和学习,可以提高模型的准确性和效率。

决策支持:通过数据挖掘技术,可以提取出与工程项目决策相关的信息和知识,例如通过关联规则挖掘出工程材料之间的关联关系,为审计人员提供决策支持。

实时监控与预警:利用实时数据采集和机器学习算法,可以建立起有效的实时监控和预警系统,例如通过滑动窗口算法对工程的实时数据进行监控,当出现异常情况时及时发出预警信号。

综合上述,数据挖掘和机器学习的交叉应用方法和技术在工程审计数字化初步和成熟阶段都发挥着重要的作用。在初步阶段,主要是利用这些技术进行数据的预处理、特征提取和异常检测;而在成熟阶段,则更加强调利用这些技术实现模型构建与优化、决策支持、实时监控与预警。随着技术的发展,可以预见数据挖掘和机器学习的交叉应用方法和技术将会在工程审计数字化中发挥越来越重要的作用。

除了上述提到的工程审计数字化过程中数据挖掘和机器学习的交叉应用方法,还可以从以下几个角度进行扩展:

自动化审计流程:通过机器学习算法对审计流程进行自动化,例如自动化审计文档、自动化审计测试、自动化审计报告等。这可以大大减少人工劳动,提高审计效率和质量。

数据隐私和安全:在数据挖掘和机器学习的应用中,必须要注意数据隐私和安全。因此,可以采用数据加密、数据脱敏、访问控制等措施来保护数据安全,以确保审计过程的安全可靠。

持续审计:利用数据挖掘和机器学习技术进行持续审计,可以对工程项目的实时数据进行动态分析和监控,例如实时监控施工过程、材料消耗、质量检测等。这可以更好地把握工程项目的实时状况,提高审计的准确性和效率。

综上所述,数据挖掘和机器学习的交叉应用方法和技术在工程审计数字化过程中具有广泛的应用前景。随着技术的不断发展,我们可以预见这些方法和技术将会在工程审计数字化中发挥越来越重要的作用,为审计工作带来更多的机遇和发展空间。

四、数据安全和隐私保护

工程审计数字化在初步和成熟两个阶段中,数据安全和隐私保护的交叉应用方法和技术可以体现在以下几个方面。

(一)初步数字化阶段

数据加密:在这个阶段,利用数据安全技术对采集和传输的工程数据进行加密处理,以确保数据在传输过程中的安全性和保密性。例如,可以使用对称加密算法或非对称加密算法对数据进行加密,防止未经授权的访问和恶意攻击。

数据脱敏:为了防止数据泄露和隐私侵权,可以对敏感数据进行脱敏处理。例如,可以将敏感数据替换成虚拟数据,或者使用数据脱敏算法对数据进行变形处理,以达到保护个人隐私和企业敏感信息的目的。

数据访问控制:利用数据安全技术对数据进行访问控制,确保只有经过授权的人员才能访问敏感数据。例如,可以利用身份认证技术对访问者进行身份验证,使用访问控制列表或基于角色的访问控制等模型来限制访问者的权限。

(二)成熟数字化阶段

数据备份与恢复:在数字化审计系统中,可以利用数据安全技术对数据进行备份和恢复,确保数据的安全性和完整性。例如,可以使用磁盘阵列、云存储等备份设备对数据进行备份,同时制定应急预案,以应对数据意外丢失或损坏的情况。

数据防泄露(DLP):在这个阶段,可以利用数据防泄露技术来防止敏感数据的非法传输和泄露。例如,可以利用 DLP 技术对网络流量进行监控和分析,发现并阻止敏感数据的非法传输行为。

隐私保护技术:利用隐私保护技术对数据进行匿名化处理,以保护个人隐私和企业敏感信息。例如,可以使用 k-匿名、l-多样性等隐私保护技术对数据进行匿名化处理,使得在数据发布过程中同时保护了个人隐私和敏感信息。

综合上述,数据安全和隐私保护的交叉应用方法及技术在工程审计数字化初步阶段与成熟阶段都发挥着重要的作用。在初步阶段,主要是利用这些技术保障数据的安全性和保密性;而在成熟阶段则更加强调利用这些技术实现数据备份与恢复、防泄露及隐私保护等。随着技术的发展,可以预见数据安全和隐私保护技术将会在工程审计数字化中发挥越来越重要的作用。

除上述提到的工程审计数字化过程中数据安全和隐私保护的交叉应用方法,还可以从以下几个角度进行扩展:

法规与合规性:了解和遵守相关法规是对数据安全和隐私保护的基本要求。审计人员应熟悉与数据安全和隐私保护相关的法律法规,确保审计过程中的数据收集、存储、处理和使用符合相关法规要求。例如,应遵循数据保护指令、隐私政策和个人信息保护法规等。

培训与意识:加强员工的数据安全意识和培训是提高数据安全和隐私保护水平的重要手段。审计人员应了解数据安全和隐私保护的重要性,掌握基本的数据安全和隐私保护措施,并定期进行相关培训,提高整个团队的数据安全意识和技能。

第三方合作:在某些情况下,审计人员可能需要依赖第三方服务来进行数据分析和处理。这时,应选择可信赖的第三方合作伙伴,并确保其具备足够的数据安全和隐私保护能力。在合作过程中,审计人员应与第三方合作伙伴签订严格的合同协议,明确双方的数据安全和隐私保护责任。

云计算安全:随着云计算的广泛应用,审计人员可以考虑采用云计算安全措施来保护数据安全和隐私。例如,可以使用云服务提供商提供的加密服务来加密数据,确保其在云端存储和传输过程中的安全性。同时,应选择可信赖的云服务提供商,并了解其数据安全和隐私保护策略。

零信任安全模型:零信任安全模型是一种以身份为中心的安全模型,强调对所有用户和设备的持续性验证和保护。在工程审计数字化过程中,可以采用零信任安全模型来保护数据安全和隐私。例如,对所有用户和设备进行身份验证,确保其合法性,并对所有数据进行加密和权限控制,防止未经授权的访问和泄露。

安全信息和事件管理(SIEM):SIEM 是一种集成了信息安全事件采集、分析、存储和处理于一体的解决方案。在工程审计数字化过程中,可以采用 SIEM 来实时监测和分析审计过程中产生的数据,发现潜在的安全威胁和违规行为。同时,SIEM 还可以帮助审计人员对安全事件进行追踪、溯源和响应,以减少安全风险和损失。

高级持续性威胁(APT):APT 是一种常见的网络攻击方式,具有高度隐蔽性和持续性。审计人员应考虑可能遭受 APT 攻击的风险,并采取相应的防护措施。例如,可以使用安全漏洞扫描工具对审计系统进行定期扫描,发现潜在的安全漏洞并进行修复。同时,应建立完善的安全事件响应机制,及时发现和处理攻击行为。

区块链技术:区块链技术具有去中心化、不可篡改和透明性等特点,可以用于数据安全和隐私保护。在工程审计数字化过程中,可以使用区块链技术来确保数据的真实性和完整性。例如,可以使用区块链来记录审计过程中产生的数据,并使用加密算法进行保护(图3-4)。这样可以防止数据被篡改或伪造,同时保护了数据的隐私性。

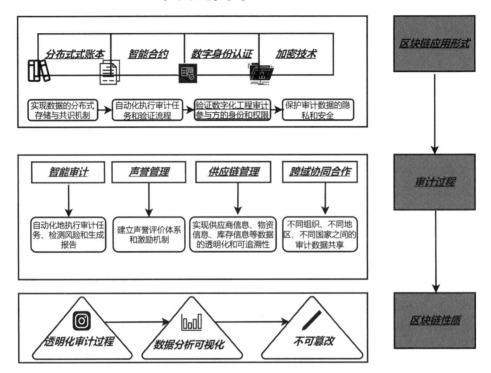

图 3-4　探索区块链技术在工程审计数字化领域的实际应用

综上所述，数据安全和隐私保护的交叉应用方法和技术在工程审计数字化过程中具有广泛的应用前景。随着技术的不断发展和应用场景的不断扩大，这些方法和技术将会在工程审计数字化中发挥越来越重要的作用，为审计工作带来更多的机遇和发展空间。同时，审计人员也应当加强对数据安全和隐私保护的重视程度，采取有效的措施来保障数据的安全性和隐私性，为工程项目的顺利推进提供有力支持。

第三节　章节结论

本章详细阐述了工程审计数字化所涉及的多个交叉学科理论机理和技术应用，包括数据科学、统计学、微观经济学、信息技术、管理学、金融学、社会学、工程专业知识及法学等，例如：

数据科学与统计学：通过数据科学与统计学的融合，显著提升了建模与预测分析的效能，利用机器学习与深度学习技术构建精准模型，有效识别潜在风险与异常行为。时间序列分析和趋势预测技术的应用，进一步增强了工程审计对未来的预测能力。

微观经济学与产业分析：微观经济学的理论和方法用于评估工程所在产业的市场结构

和竞争力,提供价格分析和市场行为预测的支持。产业分析则关注供应链的可靠性和稳定性,为工程项目的战略规划提供依据。

信息技术与计算机科学:信息技术和计算机科学的深度融合为工程审计的数据采集、存储、处理和仿真提供了强大支持。自动化数据采集技术、模拟和虚拟现实技术的应用,提高了审计的效率和准确性。

管理学与项目管理:通过管理学和项目管理的理论,实现了费用管理和成本控制的优化,提高了审计项目的经济性和效率。

金融学与成本管理:金融学和成本管理的交叉应用,为工程项目的经济效益评估、投资决策和风险管理提供了有力支持。

社会学与组织行为学:社会学和组织行为学的应用,帮助理解审计团队的组织行为、人际互动和文化氛围,提高了团队协作和绩效。

工程专业知识:利用数字化技术建立施工现场的远程监控系统,进行工程图纸的数字化处理和审核,提高了审计的精度和效率。

法学:贯穿始终的法律和合规性要求,确保了审计活动的合法性、安全性和有效性。

工程审计数字化的快速发展离不开技术的不断创新和迭代。随着大数据、人工智能、区块链等前沿技术的不断成熟,这些技术将在工程审计中扮演更加重要的角色。例如,大数据技术可以处理海量工程数据,挖掘潜在价值;人工智能可以通过智能分析,提高审计的精准度和效率;区块链技术以其不可篡改性和高度透明度,为审计工作的公正性提供了有力保障。尽管在实际应用中仍存在一些挑战,例如成本偏高、运行效率因加密算法而下降,以及审计数据质量的问题,如数据变形和因算法提取导致的数据失真等——这些问题在阿里巴巴构建的智慧审计平台中便有所体现。然而,随着技术的不断进步和完善,成熟的区块链技术预计将极大地助力数字化审计,有效降低审计风险,工程审计将逐渐向智能化和自动化方向迈进。智能化审计系统将通过深度学习和机器学习技术,自动识别审计风险,提供决策支持;自动化审计流程将大幅减少人工干预,提高审计效率和准确性。未来,智能化和自动化将成为工程审计数字化发展的重要趋势。面对快速变化的技术环境,审计人员需要不断学习和提升自己的专业技能。通过专业培训、研讨会、在线课程等多种方式,审计人员可以掌握最新的技术和方法,适应审计工作的新要求。同时,组织应建立完善的培训机制,为审计人员提供持续的学习机会和支持。

第四章　数字化工程审计交叉学科理论机理及技术

第一节　数字化工程审计交叉学科理论机理

　　审计学科本身并非孤立于现代科学体系之外,其存续与发展依赖于多学科知识的交融与支撑。审计的核心使命在于揭示和防范不合规、不合理、不合法以及不真实的问题。在审计实务中,审计人员若仅限于审计学的专业知识,而忽视了审计对象所属领域的背景知识,则难以胜任复杂的审计任务。作为审计学科的一个重要分支,工程审计学科的持续进步亦需依托于跨学科的融合与创新研究。

　　本章旨在探讨工程审计数字化转型的发展方向,分析数字化工程审计信息系统的构建路径,旨在以理论指导实践推动工程审计数字化进程。在构建数字化工程审计信息系统的理论框架时,本章将从以下五个维度展开交叉应用研究方法与技术手段的深入讨论。

一、信息系统和数据管理

　　在中国,审计信息系统的概念始于 20 世纪 90 年代,随着信息技术的迅猛发展,政府和审计机构逐渐意识到信息化对提升审计效率和质量的关键作用。2008 年,《国家审计信息化建设"十一五"规划纲要》确立了审计信息化的总体目标与主要任务。2010 年后,审计信息系统建设步入快速发展轨道,各级审计机关相继建立了较为完善的系统。随着信息技术的持续进步,审计信息系统不断更新迭代,数字化工程审计在其成熟阶段需采纳更高效、准确、安全且可靠的信息系统与数据管理技术,以支持审计工作的数字化应用。

　　信息系统和数据管理的交叉应用包括数据集成与管理,以确保数字化工程审计过程中数据的一致性、准确性和完整性。通过信息系统,整合来自不同来源的数据,包括审计对象的财务数据、运营数据、设备数据等,并建立数据管理流程和规范,确保数据的可信度和一致性。如利用 ERP(Enterprise Resource Planning,企业资源规划)系统,将工程审计所需的各种数据整合在一起,包括财务报表、供应链数据、销售数据等,实现数据集中管理,减少数据重复和错误。

在数据管理与信息系统诸多的交叉应用方法和技术手段中,本章选取以下五部分内容展开浅述。

其一,信息系统和数据集成的融合应用。通过整合各类信息系统及其数据,审计组织能够有效连接并管理多元化的信息源,促进数据的互通、共享与深度分析。在工程审计领域,将工程进度管理系统、财务收支系统以及人力资源管理系统进行系统集成,可以实现对工程项目全生命周期的全面监控与分析。这种集成方式不仅有助于审计人员迅速把握项目的财务状况、资源配置及执行进度,还能显著提升审计工作的精准度和效率。

其二,数据挖掘和决策支持来提高审计决策的准确性和效率。借助数据挖掘、统计分析及可视化技术,审计人员能够从浩瀚的审计数据中提炼出有价值的信息与洞见,将原始数据转化为具有实际意义的分析与见解。这不仅助力审计人员进行深入的业务分析、精准的风险评估,还为决策制定提供了坚实的数据支撑。通过运用关联规则挖掘算法,审计人员能够揭示工程审计数据中不同项目间的潜在联系,从而迅速识别问题、把握关键要素,并获得有力的决策支持。同时,决策支持系统等智能化工具的应用,进一步提升了审计决策的准确性与效率。

当前,部分商业智能工具和数据分析平台已应用在工程审计实务中。但多数数字化工具仍主要集中在数据管理与初步挖掘阶段。在实际审计工作中,数据分析的应用尚显不足,多数研究仍停留在理论层面。例如,中新赛克大数据智能分析审计工具即基于其独特的算子微服务架构,实现了无须编程即可快速处理海量结构化、半结构化及非结构化数据的能力。然而,未来的成熟数字化审计系统应更加融合前沿智能技术,以实现对工程审计数据的深度钻取分析、关联规则挖掘以及直观的数据可视化呈现。

其三,信息系统和数据管理的交叉应用还涉及数据安全和隐私保护。在数字化工程审计过程中,保护数据的安全性与隐私性是首要的,大量敏感数据需要被保护,包括财务信息、客户信息和业务数据等。采用合适的信息安全措施,如访问控制、身份认证、加密和数据备份等,可以确保数据的机密性和完整性,并遵守相关的隐私保护法规和合规标准。通过实施数据加密措施,审计团队可以确保工程审计数据在传输和存储过程中的机密性,防止非授权访问和数据泄露。另外,通过数据备份和灾难恢复措施,可以确保数据的可用性和完整性,避免因数据丢失或损坏而对工程审计造成不利影响。

其四,在数字化工程审计中,可以建立一个数据整合与共享平台,用于集中存储和管理各种审计相关的数据和信息。这个平台可以整合来自不同系统和部门的数据,并提供数据一致性和数据质量控制,使数据在不同的审计流程和决策中得到更好的利用。建立一个数字化工程审计报告平台,通过集成不同来源的数据,如财务数据、采购数据和施工数据等,可以为审计人员提供统一的信息视图,减少数据收集的复杂性和错误,并优化审计流程。

在数字化审计的成熟阶段,审计组织需要对各种审计信息系统进行整合和优化。这包括将不同来源、不同类型、不同功能的审计系统进行集成,实现信息共享和数据交互。例如,可以将内部审计系统、外部审计系统和第三方审计系统进行整合,形成一个统一的审计信息系统,提高审计效率和协同能力。

其五,在整合和优化审计信息系统的过程中,需要解决不同系统之间的数据集成和交换问题。这可以通过制定统一的数据规范和标准,使用数据接口、数据转换等技术手段,实现不同系统之间的数据交换和共享。例如,可以制定通用的数据接口规范,实现不同审计系统之间的数据交换和共享。

综上,信息系统和数据管理在数字化工程审计成熟数字化之后扮演着重要角色。通过定制化的信息系统建设与集成,以及数据管理和分析的技术手段,可以实现数据的集中管理、准确分析和有效利用,从而提升工程审计的效能和价值。

二、工程项目全生命周期理论和成本效益分析

工程项目全生命周期理论起源于 20 世纪 60 年代,由美国国防部在武器装备采购中提出,以解决购置费与维护费之间的问题。项目全生命周期理论的意义在于帮助项目管理者从项目的整体角度出发,综合考虑项目的质量、安全、环境、工期、成本等核心控制目标,实现更科学、更高效的项目管理。《建设工程项目管理规范》中定义建设工程项目管理是指运用系统的理论与方法,对建设工程项目进行的计划、组织、指挥、协助和控制等专门化活动。结合全生命周期的概念,建设工程项目全生命周期管理是指工程项目管理是通过现代化的管理手段和技术将科学的理念、程序和方法应用于工程建设全生命周期各阶段,指导项目建议书编制、可行性研究报告撰写、项目决策、设计、施工等各阶段的工作,实现工程质量优、工期佳、投资回报高的效果。

随着时代的进步和建筑规模的持续扩大,传统的各阶段分离管理模式已难以满足未来建设工程项目实施的管理需求,主要表现在以下几个方面:

项目复杂性与周期延长:现代建设工程项目的复杂性不断增加,单个项目往往包含多个子项目,每个子项目都有其独特的目标和特点。这种多样性的项目目标导致整体项目复杂度上升,管理难度加大,甚至可能出现目标之间的冲突。因此,在工程项目管理中,如何协调和平衡各要素之间的关系变得尤为重要。

协同管理的迫切需求:由于项目复杂度的提升,项目管理需要考虑的因素也日益增多。这就要求从整体和协同的角度进行管理与控制。然而,现行的项目管理模式通常仍以各阶段分离为主,导致项目难以作为一个完整的整体来对待。

管理接口的复杂性增加:在项目实施阶段,涉及的参与人员众多,人员交接复杂,导致管理接口数量增多。同时,项目各单元之间联系紧密,相互影响。如何确保各参与方之间的接口有效配合、协同工作,成为项目成功的关键因素。

信息管理的挑战:在项目全生命周期中,会产生大量复杂的工程项目相关信息,信息来源多样且涉及各方参与者。如何确保信息的有效沟通与传递,避免信息失真、错误或孤立,是实现项目总体目标的关键,也是一项重大挑战。

理论研究致力于探索解决上述问题的有效途径。在工程审计数字化转型的成熟阶段,基于工程建设全生命周期理论,构建集成审计平台,融合人工智能、大数据、云计算等先进技术,深入研究多学科交叉融合的应用方法。通过数字化转型,工程审计将从抽样审计转变为全面审计,从事中事后审计发展为事前预测与实时跟踪审计。

在此背景下,本章提出工程项目全生命周期理论与生命周期评估(LCA)及成本效益分析(CBA)交叉融合的应用方法与技术。LCA 是一种用于评估产品或服务的整个生命周期中对环境、经济和社会方面的影响的方法,而成本效益分析是一种评估项目成本和效益的技术手段。通过将 LCA 和成本效益分析相结合,可以更全面地评估数字化工程审计的可持续性和经济性。

下面是一些生命周期评估和成本效益分析交叉应用方法和技术手段的例子:

全生命周期成本评估(LCC):利用 LCA 方法,对数字化工程审计的整个生命周期进行成本评估。这包括评估在项目设计、实施、运行、维护和报废等各个阶段的成本。通过 LCC 方法,可以更全面地了解数字化工程审计的成本和效益,为审计决策提供依据。

环境影响评估:利用 LCA 方法,评估数字化工程审计对环境的影响。这包括评估项目各个阶段的能源消耗、排放、资源消耗等对环境的影响。通过环境影响评估,可以了解数字化工程审计的可持续性,为审计决策提供依据。

效益-成本分析(BCA):利用成本效益分析方法,对数字化工程审计的效益和成本进行比较。这可以帮助审计人员确定数字化工程审计的投资回报率(ROI)或其他经济效益指标。通过 BCA 方法,可以评估数字化工程审计的经济可行性。

风险-收益分析:利用 LCA 和成本效益分析方法,对数字化工程审计的风险和收益进行比较。这可以帮助审计人员了解数字化工程审计可能带来的风险和不确定性,以便更好地进行审计决策。

综合效益评估:结合 LCA 和成本效益分析方法以及其他评估方法,对数字化工程审计的综合效益进行评估。这包括评估数字化工程审计的社会效益、生态效益、经济效益等各个方面。通过综合效益评估,可以更全面地了解数字化工程审计的优缺点,以便更好地进行审计决策。

健康影响评估:在数字化工程审计中,可以利用生命周期评估方法对数字化系统的健康影响进行评估。这包括评估数字化系统的电磁辐射、信息安全风险等对审计人员和业务环境的影响。通过健康影响评估,可以更好地了解数字化工程审计对审计人员和业务环境的影响,以便更好地进行审计决策。

社会影响评估:在数字化工程审计中,可以利用生命周期评估方法对社会的影响进行评估。这包括评估数字化系统的普及和应用对就业、社会交流、文化传承等方面的影响。通过社会影响评估,可以更好地了解数字化工程审计对社会的作用和影响,以便更好地进行审计决策。

多目标决策分析:在数字化工程审计中,可以利用生命周期评估和成本效益分析方法进行多目标决策分析。这包括对数字化工程审计的多个目标进行评估和比较，如可持续性、成本效益、健康影响等。通过多目标决策分析，可以更全面地了解数字化工程审计的优缺点，以便更好地进行审计决策。

决策支持系统：在数字化工程审计中，可以利用生命周期评估和成本效益分析方法建立决策支持系统。这包括利用计算机技术和数学模型建立评估指标体系、风险评估模型等，为审计人员提供智能化决策辅助。通过决策支持系统，可以提高审计决策的准确性和效率，优化数字化工程审计的效果。

持续改进与优化：在数字化工程审计中，可以利用生命周期评估和成本效益分析方法持续改进和优化审计工作。这包括利用反馈机制和监测技术对数字化工程审计的各个阶段进行持续改进和优化，提高审计效果和效益。同时，可以利用持续改进和优化方法对数字化工程审计的流程、方法、技术等进行创新和升级，以适应不断变化的社会和经济环境。

决策树与仿真：在数字化工程审计中，可以利用决策树和仿真方法对数字化系统的不同方案进行评估和比较。这可以帮助审计人员更好地了解数字化系统的不同方案对整个项目的影响，以便更好地进行审计决策。

多准则决策分析：在数字化工程审计中，可以利用生命周期评估和成本效益分析方法进行多准则决策分析。这包括对数字化系统的多个准则进行评估和比较，如可持续性、成本效益、健康影响等。通过多准则决策分析，可以更全面地了解数字化系统的优缺点，以便更好地进行审计决策。

综上所述，生命周期评估和成本效益分析的交叉应用方法和技术手段在数字化工程审计中具有重要的意义。这种技术可以帮助审计人员更好地了解数字化工程审计的可持续性和经济性，以便更好地进行审计决策和优化项目决策。同时，这种技术还可以帮助审计人员进行数据分析和预测，提高审计效率和精度随着技术的不断进步和应用场景的不断扩大，这种技术将会在工程审计数字化中发挥越来越重要的作用。

三、网络与信息安全

在数字化工程审计的成熟阶段，网络与信息安全的交叉应用方法和技术手段具有重要意义。网络与信息安全对于保障国家安全、社会稳定以及经济发展具有至关重要的意义。网络与信息安全是确保数字化工程审计数据安全和系统稳定的重要保障，也是维护审计工作的正常进行的基础。下面是一些网络与信息安全交叉应用方法和技术手段的例子：

加密与数据保护：在数字化工程审计过程中，可以利用加密技术保护数据的机密性和完整性。例如，可以采用对称加密算法对审计数据进行加密，以防止未经授权的访问和数据泄露。此外，还可以使用数字签名等技术确保数据在传输过程中不被篡改或伪造。

防火墙与访问控制：利用防火墙和访问控制技术可以限制网络通信和数据访问的范围。通过配置防火墙规则，可以控制网络通信的端口和协议，阻止未经授权的访问和攻击。同时，利用访问控制列表或权限管理机制，可以限制用户对审计数据的访问权限，确保审计数据的安全性和机密性。

安全审计与监控:在进行数字化工程审计时,可以利用安全审计和监控技术对系统进行实时监测和记录。例如,可以配置安全日志和审计策略,记录系统活动和异常行为。通过对安全事件的实时分析和预警,可以及时发现并应对潜在的安全威胁,防止网络攻击和数据泄露事件的发生。

漏洞扫描与修复:利用漏洞扫描工具可以对数字化工程审计系统进行定期的安全漏洞扫描,发现并报告潜在的安全风险。一旦发现漏洞,应立即采取修复措施,消除安全隐患。此外,还应及时更新系统和软件补丁,以防范已知漏洞的攻击。

安全管理策略与培训:为了提高数字化工程审计系统的安全性,应制订完善的安全管理策略和培训计划。这包括建立安全管理制度、完善安全流程、提高员工的安全意识等。通过对员工进行定期的安全培训和技能考核,可以增强员工的安全意识和应对能力,减少人为因素对系统安全的影响。

应急响应与恢复:针对可能发生的网络安全事件,应制定应急响应计划并进行定期演练。应急响应计划应包括事件报告、处置和恢复等环节,确保在发生安全事件时能够迅速做出响应,减轻事件的影响并尽快恢复系统的正常运行。此外,还应考虑建立数据备份和恢复机制,以防止数据丢失和灾难性事件的发生。

云计算安全:在采用云计算技术进行数字化工程审计时,应确保云服务提供商具备可靠的安全措施和合规性认证。应了解云计算服务的安全边界和数据保护措施,并选择具有良好声誉和资质的云服务提供商。同时,应与云服务提供商签订合同,明确安全责任和隐私保护义务,以确保数字化工程审计数据的安全性和隐私性。

综上所述,网络与信息安全的交叉应用方法和技术手段在数字化工程审计成熟阶段具有重要的意义。这种技术可以帮助审计人员确保数字化工程审计数据的安全性和系统稳定性,提高审计工作的效率和可靠性。随着技术的不断进步和应用场景的不断扩大,这些方法和技术将会在工程审计数字化中发挥越来越重要的作用。

除了上述提到的网络与信息安全的交叉应用方法和技术手段,还可以从以下几个角度进行扩展:

AI 与机器学习在网络安全中的应用:在数字化工程审计中,可以利用 AI 和机器学习技术来增强网络安全性。例如,通过训练机器学习模型,可以检测和预测新型的网络攻击和病毒。利用 AI 技术,可以自动进行漏洞扫描和修复,提高系统的安全性。

零信任安全模型:采用零信任安全模型,对所有的用户和设备都持不信任态度,每次访问都要进行身份验证和权限控制。在数字化工程审计中,可以采用零信任安全模型,对所有的用户和设备进行身份验证和权限控制,以确保数据的安全性。

虚拟专用网络(VPN):利用 VPN 技术,可以在公共网络上建立加密通道,以保护数据的机密性和完整性。在数字化工程审计中,可以利用 VPN 技术,建立安全的网络通道,以保护数据的机密性和完整性。

入侵检测与防御系统(IDS/IPS)：IDS/IPS 是一种网络安全系统，可以检测和防御网络攻击。在数字化工程审计中，可以利用 IDS/IPS 技术，实时检测网络攻击，并自动化的进行防御。

安全信息和事件管理(SIEM)：利用 SIEM 技术，可以对安全信息和事件进行收集和分析，发现网络攻击和漏洞。在数字化工程审计中，可以利用 SIEM 技术，对审计数据进行收集和分析，发现网络攻击和漏洞。

区块链与加密货币安全技术：利用区块链技术，可以实现去中心化、分布式的安全审计。通过区块链的不可篡改性和可追溯性，可以保护审计数据的真实性和完整性。同时，利用加密货币的安全技术，可以实现数字资产的安全交易和存储。

综上所述，网络与信息安全的交叉应用方法和技术手段在数字化工程审计成熟阶段具有重要的意义。这种技术可以帮助审计人员确保数字化工程审计数据的安全性和系统稳定性，提高审计工作的效率和可靠性。随着技术的不断进步和应用场景的不断扩大，这些方法和技术将会在工程审计数字化中发挥越来越重要的作用。

四、统筹规划与项目管理

在数字化工程审计的成熟阶段，统筹规划与项目管理的交叉应用方法和技术手段对于确保项目的顺利实施和达成预期的审计目标至关重要。以下是一些统筹规划与项目管理交叉应用方法和技术手段的例子：

项目管理方法论：采用成熟的项目管理方法论，如项目管理知识体系(PMBOK)或敏捷项目管理方法，可以帮助审计人员有效管理和协调数字化工程审计项目。这些方法论提供了项目管理框架、流程和工具，以指导审计团队在项目启动、规划、执行和收尾等阶段的工作。

全面质量管理(TQM)：TQM 是一种关注质量管理和持续改进的管理哲学。在数字化工程审计中，采用 TQM 方法可以帮助审计团队关注审计质量，通过持续改进和优化审计流程，降低错误和风险。通过关注客户需求和满意度，不断提升审计服务质量和客户满意度。

风险管理：在数字化工程审计项目管理中，风险管理是一个重要的环节。采用风险识别、评估、应对和监控等方法，可以帮助审计团队预测、评估和管理数字化工程审计项目中的潜在风险。通过制定风险应对策略、实施风险控制措施，降低风险对项目的影响。

变更管理：变更管理是一种应对项目变更的管理方法。在数字化工程审计中，采用变更管理方法可以帮助审计团队有效地处理项目变更，确保项目的顺利进行。通过制定变更请求、评估变更影响、实施变更控制等步骤，应对项目中的变更情况，确保审计目标的达成。

沟通管理：沟通管理是确保项目信息有效传递和沟通的方法。在数字化工程审计中，采用沟通管理方法可以帮助审计团队建立有效的沟通机制和渠道，确保项目团队成员之间信息流通畅通。通过定期会议、报告、沟通工具等手段，保持项目团队内部和与其他相关利益方的有效沟通，提高项目执行效果和协作效率。

　　成本管理:成本管理涉及项目的预算编制、成本估算、成本控制等方面。在数字化工程审计中,采用成本管理方法可以帮助审计团队合理规划和控制项目成本,确保项目的经济可行性。通过制订详细的预算计划、监控成本变化、采取成本控制措施等手段,实现项目成本的有效管理。

　　时间管理:时间管理涉及项目的进度控制和时间安排。在数字化工程审计中,采用时间管理方法可以帮助审计团队制订合理的项目计划,确保项目按时完成。通过制订详细的项目时间表、监控进度变化、调整计划等手段,实现项目进度的有效控制。

　　知识管理:在数字化工程审计中,可以利用知识管理技术来管理和利用项目中的信息和知识资源。这包括建立知识库、知识地图和知识网络等,以促进项目团队内部和与其他相关利益方之间的知识共享和转移。通过知识管理,可以提高项目执行效果和协作效率,避免重复犯错。

　　供应链管理:在数字化工程审计中,可以利用供应链管理技术来管理审计项目的物资和资源。这包括供应商选择、物资采购、库存管理和物流配送等方面。通过供应链管理,可以确保项目资源的及时供应和质量,降低项目成本和风险。

　　客户关系管理(CRM):采用CRM方法可以帮助审计团队建立和维护良好的客户关系。通过了解客户需求、提供定制化服务、跟踪客户反馈等手段,可以增强客户满意度和忠诚度,提高审计项目的执行效果和市场竞争力。

　　干系人管理:干系人包括项目团队成员、上级领导、利益相关方等。在数字化工程审计中,采用干系人管理方法可以帮助审计团队有效地管理和协调干系人之间的关系。通过建立干系人管理计划、沟通渠道和协作机制,可以增强干系人之间的沟通和合作,提高项目执行效果和成功率。

　　绩效管理:采用绩效管理方法可以帮助审计团队制定合理的绩效考核指标和计划,激励项目团队成员积极投入工作并达成预期的审计目标。通过建立绩效考核体系、设定绩效目标和跟踪绩效表现等手段,可以衡量项目团队的绩效和贡献,为项目管理提供决策依据。

　　综上所述,统筹规划与项目管理的交叉应用方法和技术手段在数字化工程审计成熟阶段具有重要的意义。这些方法和技术可以帮助审计团队更好地规划和管理数字化工程审计项目,确保项目的顺利实施和达成预期的审计目标。随着技术的不断进步和应用场景的不断扩大,这些方法和技术将会在工程审计数字化中发挥越来越重要的作用。

第二节　数字化工程审计的技术

　　计算机辅助审计,全称计算机辅助审计工具与技术(Computer Assisted Audit Toolsand Technology,CAATT),《国际审计准则第16号:计算机辅助审计技术》的定义是:按照国际审计准则第15号所指出的,在电子数据环境下,审计的总体目标和范围并没有改变。但是,在电子数据处理环境中,审计程序的应用,可能要求审计人员考虑利用计算机技术作为一项审计的工具。计算机在这方面的各种使用称为计算机辅助审计技术。计算机辅助审计工具主要包括通用软件、数据库软件、统计分析软件和数据展示软件。计算机辅助审计工具可以支持审计人员高效地进行数据采集、处理、分析和报告,同时可以减轻审计人员的工作负担,提高审计效率和精度。利用计算机辅助审计工具,审计人员能够高效采集数字化工程审计数据,并轻松转换其格式为后续分析所用,支持广泛的数据源如数据库、文件、网络等,以及多种数据格式如 Excel、CSV、XML 等。随着数字化技术的迅猛发展,计算机辅助审计工具可以通过深度整合区块链的不可篡改性、物联网的实时监测能力以及大语言模型的智能解析力,实现了审计数字化改革。这种融合不仅可以极大地提升审计工作的效率与精准度,还有助于规避因技术局限性导致的审计风险。计算机辅助审计工具的持续迭代与创新将不断推动审计数字化转型,在成熟的数字化审计时代得到广泛应用。本书选取了区块链技术、智能传感器与物联网、文本挖掘与自然语言处理、大数据分析以及集成审计平台这五项前沿技术,深入探讨它们如何在数字化工程审计领域中发挥的作用。

一、计算机视觉与图像处理

在数字化工程审计的成熟阶段,计算机视觉与图像处理的交叉应用方法和技术手段具有重要意义。计算机视觉和图像处理技术可以帮助审计人员更快速、准确地分析和解读复杂的审计图像和数据,从而提高审计效率和精度。Edwards 等人(2019)提出可以使用无人机技术获取数据,结合数据分析和图像识别技术,提高审计效率和精度,同时这也要求审计人员具有一定的系统集成能力以集成无人机系统与审计系统,实现数据的共享和整合[9]。以下是一些计算机视觉与图像处理的交叉应用方法和技术手段的例子:

图像识别与分类:利用计算机视觉和图像处理技术,审计人员可以快速、准确地识别各种审计图像和数据。这些技术可以自动识别特定模式、对象、文字等信息,从而帮助审计人员更好地理解数据和发现问题。

目标检测与追踪:通过计算机视觉技术,可以检测和追踪审计图像中的特定目标。例如,可以利用目标检测算法来识别财务报表中的异常项或错误项,从而快速定位问题。

测量与尺寸计算:计算机视觉和图像处理技术可以快速、准确地测量和计算审计图像中的尺寸、距离等参数。例如,在工程审计中,可以利用这些技术来测量建筑物的尺寸、计算面积等参数,从而验证数据的准确性和合规性。

数据可视化与交互式报告:通过图像处理技术,可以将审计数据可视化地呈现出来,帮助审计人员更好地了解数据分布和趋势。这些技术可以生成各种形式的可视化报告,如表格、图表、地图等,帮助审计人员快速地理解和呈现数据。

自动化检测与报警:利用计算机视觉技术,可以自动化地检测和报警审计图像中的异常和问题。例如,可以利用算法来检测财务报表中的虚假信息或欺诈行为,从而及时发出警报并采取相应措施。

　　3D建模与重构：通过3D建模和重构技术，可以创建数字化工程审计的3D模型，从而更好地理解和呈现审计对象。这些模型可以帮助审计人员更好地了解工程项目的整体结构和状况，提高审计的可靠性和精度。

　　深度学习与神经网络：利用深度学习和神经网络技术，可以训练模型来识别、分类、检测和测量审计图像中的各种对象和特征。通过深度学习算法，可以自动化地学习和改进模型，提高审计的准确性和效率。

　　多模态数据处理与分析：结合多模态数据处理和分析技术，可以处理和分析多种类型的数据，如文字、图像、视频等。通过多模态数据处理，可以综合分析和理解审计数据，发现多方面的风险和问题。

　　自动化生成报告：利用计算机视觉和图像处理技术，可以自动化地生成审计报告和文档。通过自动化生成报告，可以减少人工干预和错误，提高报告的准确性和效率。

　　数据安全与隐私保护：在进行数字化工程审计时，数据安全和隐私保护是重要的考虑因素。通过应用数据加密、数字水印等技术，可以保护审计数据的安全性和隐私性。

　　远程审计与监控：结合计算机视觉和图像处理技术，可以实现远程审计和监控。通过采集远程审计现场的图像和数据，可以进行分析和处理，提高审计的可靠性和效率。

　　综上所述，计算机视觉与图像处理的交叉应用方法和技术手段在数字化工程审计成熟阶段具有重要的意义。这些方法和技术可以帮助审计人员更快速、准确地分析和解读复杂的审计图像和数据，从而提高审计效率和精度。随着技术的不断进步和应用场景的不断扩大，这些方法和技术将会在工程审计数字化中发挥越来越重要的作用。

二、数字孪生与虚拟仿真

　　数字孪生技术，这一概念于21世纪初被提出，并在2010年后在国外工业设计领域逐渐兴起。数字孪生是现有或将有的物理实体对象的数字镜像，它通过实测、仿真及数据分析，实时感知、诊断并预测物理实体的状态，进而通过优化和指令调控实体行为。此外，数字孪生通过相关数字模型间的相互学习实现自我进化，并优化利益相关方在物理实体全生命周期内的决策过程。在此过程中，仿真正是实现数字孪生的关键技术之一。虚拟仿真技术是一种综合性技术，它依托计算机及其他物理效应设备，通过系统模型对实际或构想中的系统进行试验研究。此技术汇聚了计算机技术、网络技术、图形图像技术等众多高新技术领域的精髓。建模则是指创建现实世界或概念系统的数字化表征，常用于系统行为的分析与模拟。

　　在数字化工程审计的成熟阶段，虚拟仿真和建模的交叉应用方法和技术手段也具有重要意义。可以通过数字孪生技术创建物理实体的虚拟副本，实现对工程项目全生命周期的模拟、监控和管理。利用BIM技术通过创建建筑物的三维模型，实现了设计、施工和运维阶段的信息集成与共享。在工程审计中，BIM技术可以帮助审计人员更全面地了解工程项目的状态，预测潜在风险，从而提高审计的效率和准确性。通过虚拟仿真和建模技术，审计人员可以在项目实际建设之前进行可视化设计审计，这比传统审计方法更省时省力，且可以在设计过程中及时地调整设计方案,提高审计效率和质量。同时,虚拟仿真和建模技术的应用可以减少对传统审计模式所需人力、物力、财力等方面的要求,从而降低审计成本。此外,基于数字化模型的持续审计监督,打破了传统审计思路局限,共享信息系统建设成果,实现持续审计监督目标,固化持续审计监督模式,切实提升了审计监督效能。

以下是一些虚拟仿真和建模的交叉应用方法和技术手段的例子。

在对数据进行分析与预测模型时,利用虚拟仿真技术,可以对工程项目涉及的大量数据进行全面模拟和分析。通过构建数学模型,例如回归模型、时间序列模型等,对数据的变化趋势进行预测,从而为审计决策提供依据。例如,可以基于历史数据建立建筑项目的成本预测模型,通过模拟不同情况下的成本走势,为审计人员提供未来可能的成本风险预警,这种预测能力极大地增强了审计的前瞻性和预防性。此外,可视化技术和交互式仿真方法的运用,使得审计人员能够更直观、更深入地理解和交互审计数据。例如,开发交互式的数据可视化工具,将复杂的审计数据以图形、图像等直观形式展现,有助于审计人员快速把握数据的核心要点,提升数据分析的效率和准确性。

在通过构建系统动力学模型进行工程审计时,通过系统动力学方法,可以构建工程项目各个要素之间的互动关系模型,从而更深入地理解项目运行机制。这种模型可以帮助审计人员发现潜在的风险和问题,例如项目中的瓶颈、资源浪费等,以便采取相应的审计策略。

在对项目管理进行模拟时,利用虚拟仿真技术,可以在计算机环境中模拟整个工程项目的管理过程。通过模拟,可以发现项目管理中的潜在风险和问题,及时调整和优化管理策略。例如,可以模拟不同施工方案下的工程成本、进度和质量情况,以便审计人员更准确地评估合同条款、项目概算是否合法合规。

在对项目风险评估进行建模时,通过构建数学模型,可以评估工程项目中不同风险因素的概率和影响程度。例如,可以利用模糊数学方法,对工程项目中的质量风险进行评估,以便审计人员更好地制定审计策略。

在对项目进行实时监控与搭建预警系统时,利用物联网、传感器等技术手段,可以实时收集工程项目的各种数据,并通过建模技术进行实时监控和预警。例如,可以利用数据挖掘技术对实时数据进行异常检测,及时发现潜在问题,为审计人员提供风险预警。同时,打破了传统审计思路局限,共享实时监控系统建设成果,实现实时跟踪审计监督目标,固化跟踪审计监督模式,切实提升了审计监督效能。

综上所述,虚拟仿真和建模的交叉应用方法和技术手段在数字化工程审计成熟阶段具有重要的意义。这种技术可以帮助审计人员更好地理解项目的整体情况和风险,以便更好地进行审计决策和优化项目决策。同时,这种技术还可以帮助审计人员进行数据分析和预测,提高审计效率和精度。随着技术的不断发展和应用场景的不断扩大,这种技术将会在工程审计数字化中发挥越来越重要的作用。

三、区块链技术

区块链技术是利用块链式数据结构来验证与存储数据、利用分布式节点共识算法来生成和更新数据、利用密码学的方式保证数据传输和访问的安全、利用由自动化脚本代码组成的智能合约来编程和操作数据的一种全新的分布式基础架构与计算范式。具体来讲,区块链具有去中心化、分布式账本、不可篡改、开源和隐私保护的特点。利用区块链技术,可以建立分布式账本,实现审计数据的分布式存储和共识机制。通过分布式账本,可以使得审计数据难以被篡改和伪造,提高数据的真实性和可靠性。区块链技术的不可篡改性可以应用于数字化工程审计中,确保审计数据的真实性和可靠性。由于区块链中的数据是经过多个节点验证和共识的,因此一旦数据被写入区块链,就无法被篡改和伪造。区块链技术的特点为工程审计提供了坚实的数据基础。这种技术确保了数据的一致性和可追溯性,同时提升了审计证据的可信度。审计人员可以利用区块链记录,快速确认特定交易是否遵循既定流程,从而提高审计效率和质量。本章将讨论在数字化工程审计的成熟阶段,区块链技术的交叉前沿应用方法。智能合约是区块链技术中的一种自动化执行协议,可以在满足特定条件时自动执行合约内容。在数字化工程审计中,可以利用智能合约来自动化执行审计任务和验证流程,以提高审计效率和精度。

大型基础设施建设项目将涉及多个承包商、供应商以及复杂的资金流动,会面临着确保资金合规使用、工程进度准确及质量标准达成等挑战。为应对这些挑战,引入了智能合约技术来提升工程审计的效率和精度。在传统工程审计中,合同履行情况需人工审核,耗时且易出错,现在可以通过将合同条款转化为智能合约,部署在区块链平台。合约根据预设的时间节点、质量标准等自动执行,监控合同履行。自动验证承包商提交的质量检查报告,满足条件即触发付款流程,极大提高了审计效率和准确性,减少了人为干预和错误。

同时,物资采购与库存管理环节易出现欺诈和人为错误。构建基于智能合约的物资采购与库存管理系统。供应商供货单自动与采购合同比对,无误则释放付款;同时,智能合约监控库存,低于安全阈值时自动触发补货。可以有效减少了欺诈和错误,确保了物资采购的合规性和库存管理的精确性。此外,在供应链管理中,区块链技术可以实现供应商信息、物资信息、库存信息等数据的透明化和可追溯性。在数字化工程审计中,可以利用区块链技术对供应链数据进行审计和监督,提高数据的真实性和可靠性。

工程进度与质量的定期审计工作量大,难以实时掌握,这也是目前工程审计实务工作的难点。利用区块链技术将工程进度和质量标准转化为可量化指标,嵌入智能合约。承包商定期提交报告,智能合约自动对比分析,评估工程进展和质量,可以实现对工程进度的实时监控和质量问题的快速发现。

在数字化工程审计工作中利用区块链技术的去中心化特性和智能合约的自动化执行功能,还可以实现跨域协同与合作,将审计过程透明化。可以让利益相关方了解审计的具体流程、方法和结果,增强审计过程的公信力和可信度,并通过跨域协同与合作,可以促进不同组织、不同地区、不同国家之间的审计数据共享、交换和整合,推动数字化工程审计的全球化发展。

此外,利用区块链技术融入连续审计过程,审计师可以利用社交媒体、统计模型和算法应对嘈杂数据和项目反应理论影响,在持续审计的过程中,云审计技术可以有效地提高审计资源利用效率、实现数据共享、提高数据安全性,在持续审计的过程中既解放审计人员物理上的限制,又能在多人同时访问分析数据提高效率的同时保证数据的安全性。可持续性在建筑行业中的重要性以及解决可持续性问题的必要性与事中审计密切相关,因此 RodgerEdwards 强烈建议考虑翻新项目的现行可持续性标准。

四、智能传感器和物联网

智能传感器的概念最早在 20 世纪 70 年代由美国宇航局在研制宇宙飞船的过程中提出并形成。智能传感器能够实时监控和记录审计环境中的关键参数,如温度、湿度、光线等,这些数据对确保审计工作的准确性和完整性至关重要。1978 年,美国宇航局(NASA)最早提出智能传感器(Smart Sensor)的概念,用于解决航天器上大量传感器数据的处理问题。此外,智能传感器还可以用于自动化审计流程,如自动化的数据收集和分析,从而提高审计效率。

物联网(IoT)的概念起源于 1999 年,由 KevinAshton 在宝洁公司提出。物联网是指通过各种信息传感器、射频识别技术、全球定位系统、红外感应器、激光扫描器等各种装置与技术,实时采集任何需要监控、连接、互动的物体或过程的信息,通过各类可能的网络接入,实现物与物、物与人的泛在连接。物联网技术通过连接各种设备和传感器,能够实现审计数据的实时采集和传输,这对远程审计和持续监控尤为重要。物联网还可以帮助审计人员更好地管理和分析大量的数据,从而提高审计的准确性和效率。在数字化工程审计的成熟阶段,智能传感器和物联网的交叉应用方法和技术手段具有重要意义。

港珠澳大桥全长 55 km,被誉为"新世界七大奇迹",是我国继三峡工程、青藏铁路、京沪高铁之后又一重大基础设施建设工程。岛隧工程建设面临诸多风险与挑战,采用传统的建造手段无法满足高质量、高精度的建设要求。该项目以大数据分析、智能化装备为技术支撑,利用物联网、智能传感器、云计算、数据管理分析系统等技术构建了涵盖全过程智能建造系统建设平台。其中物联网与智能传感器以传感技术与系统连接能力成为智能建造的关键技术之一。在隧道工程建设过程中,建设者运用北斗卫星系统、声呐设备、探索器、传感器等技术,通过物联网将建设工人、建设物料、建设环境连接,构成信息交互网络。该项目的智能建设系统不仅为项目建设管理者提供了全程监控的能力,还为工程审计人员搭建了一个事中审查的智能平台。借助智能传感器和物联网技术,系统能够实时采集包括温度、湿度、压力、位移在内的各种工程审计数据。这些关键数据通过物联网设备实时传输至审计中心或云平台,实现了远程监控与管理的便捷性。此外,系统还具备自动化检测与预警功能,一旦数据超出预设阈值或不符合规范要求,系统便会自动触发警报或预警,确保审计人员能够及时响应并处理潜在问题。智能建设系统还确保了审计数据的可追溯性,通过详细记录每个数据点的采集时间、位置和状态等信息,增强了审计结果的可靠性和可信度。远程监控与管理功能则进一步提升了审计的灵活性与效率,使得审计人员能够随时随地掌握审计现场的实时状态与运行情况,并对审计设备及系统进行远程管理。最终,通过实时监控审计现场,系统能够及时发现并处理异常情况及安全隐患,为隧道工程建设的顺利进行提供了坚实的安全保障[10]。

五、自然语言处理与数据挖掘

自然语言处理(NLP)是计算机科学、人工智能与语言学交叉融合的一个重要领域,旨在使计算机能够深入理解、分析和生成人类语言。2018年,美国上市公司会计监督委员会的董事在一场研讨会中提到,用NLP来扫描合同和其他文件,以便更快识别潜在的审计风险领域。随着深度学习和大数据技术的飞跃发展,NLP领域在词向量表达、神经网络模型及深度学习方法上取得了显著突破,成为推动现代信息技术和智能应用发展的核心力量。自然语言处理的关键技术有卷积神经网络(CNN)、递归神经网络(RNN)、变压器(Transformer)等。卷积神经网络起初主要应用于图像处理领域,后成功拓展至文本分类、句子建模等NLP任务中,展现了其在特征提取方面的强大能力。递归神经网络擅长处理序列数据,如语言建模、机器翻译等,是处理自然语言序列的基石。RNN的变种如LSTM(长短期记忆网络)和GRU(门控循环单元)进一步解决了传统RNN在长距离依赖关系处理上的难题,显著提升了模型性能。变压器基于注意力机制的神经网络架构,彻底改变了NLP领域的格局。克服了RNN在并行处理能力和长距离依赖处理上的限制,极大提升了模型效率。以BERT、GPT为代表的变压器模型在多个NLP任务中取得了令人瞩目的成绩,推动了NLP技术的广泛应用。目前,NLP技术在医学领域的应用日益广泛,特别是在处理和分析大量医学文献方面。通过对医学文献进行自动摘要和信息提取,NLP技术能够帮助研究人员快速定位到相关文献和数据,极大地提高了研究效率和准确性。如PubMed和GoogleScholar等平台充分利用NLP技术,为研究人员提供精准的文献检索和推荐服务。这些平台通过NLP算法分析文献内容,理解文献之间的关联性和重要性,从而为用户提供个性化的文献检索结果和推荐列表,极大地支持了医学研究工作的高效进行。

自然语言处理技术与文本挖掘在工程审计领域可以帮助审计人员更好地理解和分析大量的文本数据,从而发现潜在的问题和风险。不仅提高了审计工作的智能化水平,还促进了审计过程的标准化、规范化和高效化,为工程审计的现代化发展提供了有力支持。该技术通过以下几个方面发挥了关键作用:

首先,自动摘要与关键信息提取方面,NLP技术能够高效处理审计人员提供的海量原始数据和文档,利用文本清洗、预处理、向量化及主题建模(如LDA、BERT)等先进算法,迅速识别并提取文档中的关键信息和核心要点,自动生成定性参考及底稿摘要,帮助审计人员快速把握审计重点,显著提升工作效率。

其次,在定性评价与意见撰写方面,NLP技术结合预训练的知识库与审计领域的专业词汇,通过自然语言生成(NLG)技术,生成逻辑严密、专业度高的审计意见。这不仅确保了审计意见符合行业规范和法律要求,还能根据历史案例和专家知识库提供案例参考和专业知识建议,增强了审计评价的全面性和准确性。

再者,针对审计过程中产生的大量数据和分析结果,NLP 技术能够将其转化为易于理解的自然语言描述,实现了数据解释与分析结果解读的智能化。这一功能便于审计人员及利益相关方直观理解审计结果,增强了审计报告的可读性和沟通效果。

此外,NLP 技术还通过引入推理和预测能力,为审计人员提供模型辅助的审计判断支持。这有助于审计人员更全面地考虑各种因素,优化审计决策过程,提高了审计结果的准确性和可靠性,体现了其在辅助审计判断方面的价值。

最后,在文档整理与组织方面,NLP 技术能够自动化地对审计过程中繁多的文档与数据进行分类、归纳和整理,极大地减轻了审计人员的文档管理负担。通过高效的自动化处理,审计人员能够更专注于核心审计工作,从而提升了整体审计工作的质量和效率。

文本挖掘(Text Mining)是信息检索(Information Retrieval)和自然语言处理(Natural Language Processing)等多个研究领域交叉的产物。它是一种利用计算机处理和分析大量非结构化文本信息的技术,包括对文本的自动分类、聚类、情感分析、实体识别、关系抽取等。文本挖掘技术通过将非结构化的文本信息转化为结构化的数据,使得人们能够通过计算机系统对大量文本信息进行高效的检索、分析和应用。

文本挖掘的五个步骤分别是收集数据、数据预处理、数据挖掘和可视化、搭建模型、模型评估。

第一步,收集数据。即明确目标后,广泛地搜集与任务相关的文本数据,这是整个文本挖掘流程的起点。

第二步,进行数据预处理。这一过程包括去除文本中的噪声(如 HTML 标签、无关符号等)、处理格式不一致问题(如统一日期格式、去除特殊字符等),以及文本分词、词干提取、停用词过滤等,以将原始文本转换为计算机易于处理的干净、结构化的格式。利用该技术,可以对大量的审计文本数据进行分类和聚类。通过文本分类和聚类,可以将文本数据分为不同的类别或集群,帮助审计人员更好地理解数据的分布和特征。

第三步,进行数据挖掘和可视化。利用文本分析技术从预处理后的文本数据中抽取有价值的信息,如关键词、短语、主题等,并将这些特征转换为结构化的形式。进行文本相似度比较。通过文本相似度比较,可以判断出两段文本的相似程度,从而帮助审计人员判断文本内容的真实性和可靠性。同时,通过可视化手段(如词云、关系图等)展现数据中的关键信息,为后续的模型构建提供直观的理解。

第四步,搭建模型。基于从文本数据中提取的特征,利用机器学习、深度学习等算法构建适合当前任务的模型。这些模型可用于文本分类、聚类、情感分析等多种任务,帮助自动化处理大量文本数据。

第五步,进行模型评估与优化。将模型处理的结果以可视化的方式展示给用户,如分类目录、聚类结果、情感倾向等,并根据用户反馈或性能指标对模型进行迭代优化,确保模型输出的准确性和可靠性。通过这一过程,可以不断提高文本挖掘的效率和效果,为实际应用提供更加有力的支持。

结合数据可视化技术,可以将文本挖掘和自然语言处理的结果以图表、仪表板等形式呈现给审计人员。通过数据可视化呈现,可以直观地展示文本数据的特点和规律,帮助审计人员更好地了解和分析数据。除了文本数据,数字化工程审计中还可能包括图片、视频等非结构化数据。利用文本挖掘和自然语言处理技术,可以扩展到多模态数据处理与分析。通过多模态数据处理与分析,可以综合处理和分析多种类型的数据,提供更全面的审计支持。

审计资料通过语义理解和信息抽取,可以进一步提取出文本中的关键信息、实体和概念等,帮助审计人员更好地理解数据。此外还可以构建审计领域的知识图谱。通过知识图谱的构建和应用,可以整合多源异构的审计数据和信息,提供更加全面和深入的审计支持。

在审计稽核中,数据的规模庞大、种类复杂,且经常存在着一些模糊的信息,这就为文本挖掘技术的应用提供了广阔的空间。通过文本挖掘分析技术,审计人员可以对企业的财务报表、经营数据、合同协议等文本信息进行高效的分析和挖掘,为审计行为提供有力支持。

挖掘与自然语言处理的交叉应用方法和技术手段在数字化工程审计成熟阶段具有重要的意义。这些方法和技术可以帮助审计人员更快速、准确地分析和解读复杂的审计文本数据,从而提高审计效率和精度。随着技术的不断进步和应用场景的不断扩大,这些方法和技术将会在工程审计数字化中发挥越来越重要的作用。

六、大数据分析

大数据(BigData)这一概念自从 20 世纪 90 年代第一次提出,一般是指传统数据处理软件无法处理的庞大或复杂的数据集。大数据分析包括数据获取、数据存储、数据检索、数据分析、共享、传输、可视化、查询、信息隐私保护和数据溯源。随着科技的迅猛跃进,大数据已迈入 3.0 阶段,该阶段深刻重塑了数据处理与分析的边界,其核心定义在于大数据作为传统软件难以驾驭的庞大复杂数据集,其全生命周期管理涵盖了从获取、存储、检索、分析到共享、传输、可视化、查询、隐私保护及数据溯源的全方位流程。

3.0 阶段显著特征在于移动设备数据的空前丰富性,它们不仅捕捉点击、搜索等常规行为数据,更深入挖掘 GPS 信息,乃至运动、身体行为与健康数据,开辟了全新的应用疆域。同时,物联网设备的爆炸式增长,如电视、恒温器、可穿戴设备及冰箱等,每日产生海量数据,对数据处理技术构成了严峻挑战,也催生了技术革新。关键技术方面,大数据 3.0 紧密围绕认知计算展开,追求毫秒级低延时处理海量流式数据,并赋能高级人工智能分析。智能存储与资源管理通过 HDFS/HBase、MPPDB 及 YARN 等工具实现跨域数据中心的高效运作,而融合 Spark 与 Data Intensive Streaming 的数据处理平台则显著提升了数据处理的速度与灵活性。此外,认知计算服务不仅支持人工智能、知识探索与发现,还促进了数据向深度知识与价值的转化。这一系列变革标志着决策模式的根本性转变,大数据 3.0 阶段正式迈入数据驱动理论的新纪元,数据已成为驱动决策制定与理论创新不可或缺的核心力量,深度挖掘其在各行业应用中的潜在价值。

在数字化工程审计的成熟阶段,大数据分析的交叉应用方法和技术手段具有重要意义。

大数据分析可以帮助审计人员更好地处理、分析和解读大量的审计数据，从而提高审计效率和精度。大数据分析在工程审计中的常用技术与方法有以下几种：

异常数量值分析法。异常数量值分析法通过建立审计分析模型，对业务数据中的异常数值进行快速识别与定位，从而发现潜在的审计疑点。这种方法特别适用于三公经费、税收收入等财务数据的审计，能够有效揭露数据不实、虚报冒领等问题。

时间序列分析。时间序列分析利用数据的时间序列特性，通过对历史数据的统计分析，预测未来趋势并识别异常波动。在工程审计中，该方法常用于非税收入、工程进度款等数据的按月或按季度分析，帮助审计人员及时发现资金流动异常。

构建大数据审计模型。大数据审计模型通过总额验证、项目明细验证和流程合规分析三个步骤，全面评估审计对象的财务状况与业务合规性。该模型集成了多种数据分析技术，为审计人员提供了系统化、标准化的审计工具。

哈希运算与图像分析算法。哈希运算用于精准识别重复使用的文件或照片，如工程照片，以发现虚增工程量等疑点。图像分析算法则通过分析照片摘要信息，初步识别被篡改的照片，增强审计工作的科技含量与准确性。

地理信息系统（GIS）。GIS技术结合空间数据，对工程项目的地理位置、周边环境进行分析，有助于审计人员理解项目背景、评估项目实施的合理性与合规性。

选取异常数量值分析法结合三公经费真实性、准确性审查事例浅述其应用。在对财政预算或者决算进行审计的过程中，需要对"贯彻中央八项规定及其实施细则精神"进行审计，其中一项就是关注各个预算单位三公经费的真实性、准确性。传统的审计工作中，审计人员只能是延伸审计部分预算单位进行核实，时间长、效率低、无法反映整体情况。利用异常数量值分析法，结合计算机筛选比对，可以快速定位疑点，使延伸单位更有针对性。

首先，利用财政部门决算软件，将全部预算单位三公经费决算表导出成电子表格。然后，利用公式计算三公经费预算数与决算数的差额（在上表中为统计数），对于差额为0，或者小于1%的单位进行筛选作为下一步重点延伸单位。有部分单位的公务接待费预决算差额为0，即预决算完全一致。出现这种情况的单位可以作为重点延伸单位，在实际中，这类问题主要原因可能是被审计单位为了保证下一个年度的三公经费预算数不下降而虚报三公经费决算数。

其次，大数据分析技术在逐渐应用于审计工作中，据阿坝藏族羌族自治州审计局披露，全县2024年现代农业园区相关政策和资金专项审计中，运用SqlSever数据库数据模型分析体系，利用城乡居民医保结算信息与培训花名册共21万余条数据进行比对，筛选疑点81条；在茂县卫生健康局2023年度部门预算执行审计中，运用大数据分析对比数据0.8万余条，筛选疑点73条。通过大数据分析技术，快速精准锁定疑点数据，为审计组开展核查工作提供了方向。

大数据分析的交叉应用方法和技术手段在数字化工程审计成熟阶段具有重要的意义。这些方法和技术可以帮助审计人员更快速、准确地分析和解读大量的审计数据，从而提高审计效率和精度随着技术的不断进步和应用场景的不断扩大,这些方法和技术将会在工程审计数字化中发挥越来越重要的作用。

七、集成审计平台

集成审计平台的概念起源于 20 世纪 60 年代。集成审计平台是一种集成了多种审计工具和技术的综合性审计解决方案,旨在提高审计效率、准确性和质量。它通过整合财务审计、运营审计和信息系统审计等多种审计类型,提供了一个统一的审计管理平台,使审计人员能够在一个平台上执行多种审计任务。随着信息技术的快速发展,集成审计平台逐渐演变成集成了大数据、云计算、人工智能等现代信息技术的综合性审计工具。在数字化工程审计的成熟阶段,集成审计平台的交叉应用方法和技术手段具有重要意义。集成审计平台可以将各种审计工具、方法和数据源进行集成,提高审计的效率和精度。

以下是部分集成审计平台的交叉应用方法和技术手段内容:

平台集成与统一管理:通过集成审计平台,可以将不同的审计工具、方法和数据源进行集成和统一管理。通过平台集成与统一管理,可以降低审计的复杂性和成本,提高审计的效率和精度。

数据共享与交换:利用集成审计平台,可以实现不同数据源之间的数据共享与交换。通过数据共享与交换,可以促进数据的高效利用和整合,从而更好地分析和解读数据。

审计方法与工具集成:将不同的审计方法和技术工具集成到集成审计平台中。通过审计方法与工具集成,可以提高审计的效率和精度,同时降低审计的风险和成本。

自动化执行与智能化辅助:结合自动化执行技术和智能化辅助技术,可以实现审计任务的自动化执行和智能化辅助。通过自动化执行和智能化辅助,可以降低审计的人工成本和提高审计的效率。

审计流程自动化:利用集成审计平台,可以实现审计流程的自动化。通过审计流程自动化,可以降低审计的人工成本和提高审计的效率。例如,自动收集数据、自动执行审计程序、自动生成审计报告等。IPA 技术(智能流程自动化)是 AI 技术与 RPA 技术的融合,可以通过经验学习进而模仿审计人员决策方式,并以此做出审计判断,实现效益提升和"人机协同"[11]。

人工智能与机器学习应用:结合人工智能和机器学习技术,可以利用集成审计平台进行自动化决策和预测。通过人工智能和机器学习应用,可以构建自动化决策模型和风险评估模型,实现数据驱动的决策和风险管理。由于数据密集型机器学习方法(data-intensive machine-learning methods)被广泛应用,所以各行业能够作出更多循证(evi-dence-based)决策[12]。

可视化分析与呈现:利用可视化技术,可以将集成审计平台的分析结果以图表、仪表板等形式呈现给审计人员。通过可视化分析与呈现,可以直观地展示数据的分布、趋势和规律,帮助审计人员更好地了解和分析数据。

云计算与分布式存储:利用云计算和分布式存储技术,可以实现审计数据的云存储和分布式处理。通过云计算与分布式存储,可以降低数据存储的成本和提高数据处理的效率。

多源异构数据融合:利用多源异构数据融合技术,可以将不同来源、不同类型的数据进行融合和分析。通过多源异构数据融合,可以综合利用各种数据源的优势,提高数据的全面性和准确性,从而更好地理解和解决复杂的问题。

综上所述,集成审计平台的交叉应用方法和技术手段在数字化工程审计成熟阶段具有重要的意义。这些方法和技术可以帮助审计人员更快速、准确地分析和解读数据,从而提高审计效率和精度。随着技术的不断进步和应用场景的不断扩大,这些方法和技术将会在工程审计数字化中发挥越来越重要的作用。

第三节　章节结论

本章深入探讨了数字化工程审计的前沿技术、相关体系及其交叉学科理论机理,不仅涵盖了信息系统和数据管理的核心要素,还创新性地引入了数字孪生、虚拟仿真、全生命周期管理、成本效益分析等关键概念,为数字化工程审计提供了全方位、多维度的支持。

在信息系统和数据管理方面,本章强调了通过高效集成各类信息系统和数据源,实现了审计数据的实时共享与智能分析,从而显著提升了审计工作的效率与精准度。同时,采用零信任安全模型、虚拟专用网络(VPN)、入侵检测与防御系统(IDS/IPS)等先进技术手段,构建了全方位的信息安全保障体系,确保审计数据的安全性与完整性。

数字孪生与虚拟仿真技术的引入,为工程项目管理提供了全新的视角。通过在计算机环境中模拟工程项目的全生命周期,审计人员能够提前发现并解决潜在的管理风险和问题,实现项目管理的优化与改进。此外,该技术还助力审计人员更准确地评估合同条款、项目概算等关键环节的合法合规性,为审计决策提供了有力的支持。

结合全生命周期理论和成本效益分析,本章详细阐述了工程项目全生命周期管理的重要性。通过科学的管理手段和技术,将工程项目的各个阶段紧密联系起来,实现了工程质量、工期和投资回报的最优化。同时,利用 LCA 方法评估数字化工程审计对环境的影响,通过 BCA 方法分析数字化工程审计的经济效益,为审计决策提供了全面的评估依据。

此外,本章还探讨了自然语言处理与数据挖掘、大数据分析等技术在数字化工程审计中的应用。这些技术的应用不仅提高了审计工作的智能化水平,还促进了审计过程的标准化、规范化和高效化。通过自动化摘要与关键信息提取、定性评价与意见撰写等功能的实现,审计人员能够更快速地把握审计重点,提升工作效率。

在技术和体系的不断创新与优化过程中,本章还强调了集成审计平台的重要性。通过集成审计平台,实现了审计方法与工具的深度整合,以及审计流程的自动化执行与智能化辅助。这不仅降低了审计的人工成本,还提高了审计的效率和精度。同时,结合人工智能和机器学习技术,构建了自动化决策模型和风险评估模型,为数据驱动的决策和风险管理提供了有力支持。

综上所述,本章内容全面而深入地揭示了数字化工程审计的技术手段、相关体系及其交叉学科理论机理,为未来的审计实践提供了宝贵的参考和借鉴。同时,通过引入新的技术和理念,本章也为数字化工程审计的持续发展注入了新的活力和动力。

第五章 工程审计数字化和数字化工程审计的多维度科研方法及内容

第一节 理论研究方法

回溯至早期,计算机技术的初步应用为工程审计带来了数据处理和分析的新途径,这无疑为后来的数字化转型奠定了基础。然而,真正意义上的数字化转型概念,是在近年来随着大数据、云计算、人工智能等前沿技术的迅猛发展,以及企业对审计效率和质量提升需求的日益迫切而逐渐凸显的。

一、理论研究方法的分类

在工程审计数字化或数字化工程审计转型的研究进程中,理论的验证与改进构成了不可或缺的两大支柱。理论验证旨在确认新兴技术背后的假设与推测,通过实证研究为数字化审计奠定坚实的理论基础;而理论改进则致力于发现并弥补现有理论的不足,借鉴跨领域技术与方法,提升审计效率与精度。

目前,国内外学者在工程审计数字化或数字化工程审计转型的研究领域中,已经形成了丰富多样且系统化的研究方法体系。这一体系融合了多学科的理论精髓与实践智慧,致力于全面、深入地剖析工程审计数字化的内在机制、发展趋势以及所面临的诸多挑战。以下是对其中六种主要研究方法的简要梳理与总结:

定性研究方法:定性研究方法在工程审计数字化或数字化工程审计中应用较为广泛,侧重于通过深入理解和主观判断来揭示审计对象的本质特征。例如,可以使用案例分析、比较分析、访谈、问卷调查等定性研究方法,对工程审计的具体案例或者行业内的最佳实践进行深入研究。这种方法不仅有助于洞察审计对象的内在规律和发展趋势,还能促进审计人员对数字化审计内涵的深刻理解,从而为推动该领域的持续发展提供理论支撑。

定量研究方法:定量研究方法在工程审计数字化或数字化工程审计中也有着广泛的应用,该方法主要通过数学模型和统计分析等手段,通过对大量审计数据的量化处理和分析,发现其中的规律和趋势。也可以使用数学模型方法对审计风险进行预测和评估,以更好地控制审计风险。定量研究方法的严谨性和科学性使其成为提高审计效率和准确性的重要手段。

混合研究方法:混合研究方法是将定性研究方法和定量研究方法相结合,融合了定性研究与定量研究的优点,通过综合应用两种方法来增强研究的可靠性和有效性。它既能够收集大量数据进行统计分析,又能够在访谈和案例分析的基础上构建数学模型进行深入探究。这种方法有助于审计人员全面、深入地理解数字化审计的实际情况,从而提升审计质量和效率。

系统科学的研究方法:系统科学的研究方法在工程审计数字化或数字化工程审计中也具有一定的应用价值。系统科学的研究方法将工程审计视为一个复杂系统,运用系统科学的理论和方法对其进行全面分析和优化。它关注系统的内在规律和发展趋势,通过整体设计和优化提高审计系统的整体性能和效率。通过借助系统工程的理论和方法,可以对工程审计系统进行整体性的设计和优化,提高审计系统的整体性能和效率。

仿真实验研究方法:仿真实验方法在工程审计数字化或数字化工程审计中可以用于模拟和测试各种审计场景和模型。通过建立仿真模型,审计人员可以在实际审计之前对模型进行测试和验证,以检查审计模型的有效性和准确性。同时,仿真实验方法也可以用于模拟不同的审计场景,以帮助审计人员更好地理解不同情况下的审计风险和要求。

文献综述研究方法:文献综述研究方法通过对大量相关文献的查阅和分析,帮助学者全面了解工程审计数字化或数字化工程审计的研究现状和发展趋势。它不仅能够揭示当前领域内的技术和方法应用情况以及存在的不足和问题,还能为未来的研究提供有益的参考和借鉴。文献综述方法的运用有助于促进不同领域之间的交流与合作,推动工程审计数字化或数字化工程审计转型的深入发展。

从学术角度来看,工程审计数字化的科研方法和技术层面在管理模式层面的创新主要体现在定性、定量、混合以及系统科学的研究方法等方面。这些方法的综合运用有助于更全面、更客观地理解工程审计数字化的情况和发展趋势,进而提高审计工作的效率和质量。

二、理论研究方法的创新

在工程审计数字化或数字化工程审计领域,研究本身的创新常常包括理论创新和方法创新。这些创新可以提供新的视角和方法,以更好地应对数字化工程审计的挑战和问题。下面将综合解释这些创新,并给出一个学术研究方法的例子,以及研究过程的说明。

(1)理论创新:理论创新涉及提出新的理论框架或概念,以解释工程审计数字化或数字化工程审计的本质和关键要素。例如,研究者可以提出一种全新的理论模型,用于描述数字化工程审计中的信息流动、决策制定和风险评估等过程。这种理论创新可以帮助研究者更好地理解数字化工程审计的核心问题,并为后续的研究提供理论基础。

(2)方法创新:方法创新涉及开发新的研究方法和技术工具,以应对工程审计数字化或数字化工程审计的复杂性和挑战性。例如,研究者可以开发一种基于人工智能和大数据分析的审计方法,以实现对大规模工程项目数据的自动化处理和分析。这种方法能够提高工程审计的效率和准确性,同时降低人为误差和主观判断的风险。

在工程审计数字化或数字化工程审计领域,研究者可以提出一个关键的研究问题,例如如何应用新兴技术提高工程审计的效率和准确性。其研究的过程如下:

理论框架构建:基于现有理论和文献,研究者可以构建一个理论框架,用于解释数字化工程审计的关键要素和互动关系。这个理论框架可以是创新的,可以引入新的概念和关系,以填补现有理论的空白。

研究方法设计:研究者需要设计合适的研究方法和技术工具,以回答研究问题。例如,他们可以开发一个基于机器学习算法的审计系统,用于自动化处理和分析工程项目数据。这种方法创新可以有效地提高工程审计的效率和准确性。

数据采集和分析:研究者需要收集相关的工程项目数据,并进行数据预处理、清洗和整合。然后,他们可以应用所设计的方法和技术对数据进行分析,以获得有关数字化工程审计的新见解和洞察。

结果解释和总结:研究者将解释和总结研究结果,并对理论创新和方法创新的贡献进行评估。他们可以讨论研究结果对数字化工程审计实践的意义和影响,并提出对未来研究的建议。

举例来说,一项学术研究可以关注如何应用区块链技术改进数字化工程审计的可信性和数据安全性。研究者首先可以在已有理论和文献的基础上构建一个区块链在工程审计中的理论框架,解释区块链技术与数字化工程审计之间的关系。然后,他们可以设计和开发一个基于区块链的审计系统,用于安全存储和管理工程项目数据,并实施实验和案例研究以评估该系统的性能和有效性。

三、几种具体的理论研究方法

1. 跨学科合作与知识共享

工程审计数字化或数字化工程审计是一个复杂的领域,涉及多个学科领域的知识和技术。跨学科合作涉及跨越学科界限的合作,以解决数字化工程审计中的复杂问题。知识共享则强调在学术界和行业之间共享经验与知识。例如,在工程审计数字化或数字化工程审计中,计算机科学家、工程师、会计师和管理学者可以联合开展研究,深入探讨数字化工程审计中的信息系统、数据分析、风险管理等关键问题。

工程审计数字化或数字化工程审计是一个不断发展和变化的领域,新的方法和技术不断涌现。知识共享可以促进学术界和行业之间的合作与信息交流,加速数字化工程审计的发展和创新。例如,学术界可以通过论文发表、会议和研讨会等平台共享研究成果,同时行业界可以通过案例分享和工作坊等方式向学术界提供实践经验和问题意识。

研究人员可以选择一个关键问题,例如:如何促进跨学科合作和知识共享,以提高工程

审计数字化或数字化工程审计的效率和质量。其研究过程如下:

跨学科团队组建:研究者可以邀请来自不同学科领域的专家组成一个跨学科团队。该团队可以包括计算机科学家、工程师、会计师等,以确保跨学科合作的广度和深度。

知识共享平台建立:研究者可以建立一个知识共享平台,用于学术界和行业界之间的信息交流和合作。这个平台可以是一个在线的论坛、专题会议或行业工作坊,以促进知识共享和合作机会。

数据收集与分析:研究者可以收集相关的数字化工程审计案例和研究数据,进行数据预处理和清洗。然后,通过应用合适的数据分析方法,如文献分析、内容分析或案例研究,来分析数据并获得对跨学科合作和知识共享的认识。

结果解释与总结:研究者将解释和总结研究结果,并评估跨学科合作和知识共享的贡献和效果。他们可以探讨研究结果对数字化工程审计实践和相关科学理论的意义,并提出进一步研究和实践的建议。

这些方法和技术的综合应用可以促进数字化工程审计的创新和发展。学术研究方法可以包括跨学科团队组建、知识共享平台建立、数据收集与分析等步骤,以获得对跨学科合作和知识共享对数字化工程审计的深入认识,并为实践提供有益的建议和改进方案。

2. 评估框架和指标

评估框架是一种结构化的方法,用于确定评估的目标、范围、指标和方法。在工程审计数字化或数字化工程审计中,评估框架和指标可以帮助研究者和从业人员通过系统性地评估数字化工程审计的效果、质量和绩效,制订评估计划,并分析评估结果。例如研究者可以建立一个评估框架,用于评估工程审计数字化或数字化工程审计对项目风险管理和成本控制的影响。评估指标是一组衡量和度量数字化工程审计绩效、效果和质量的标准或指标。这些指标可以包括项目的时间和成本效率、质量控制水平、风险管理能力等。研究者和从业人员可以根据实际需求和研究目的选择适当的评估指标,并进行数据收集和分析。

例如,研究者可以设计一个评估指标体系,用于衡量工程审计数字化或数字化工程审计对工程项目质量的提升程度。其研究过程如下:

确定研究问题:研究者可以选择一个关键问题,例如如何评估数字化工程审计对工程项目绩效的影响。

构建评估框架:基于现有理论和实践经验,研究者可以构建一个评估框架,用于确定评估目标、范围和方法。该框架应该包括关键的评估领域和指标,以及数据收集和分析方法。例如,研究者可以借鉴项目管理领域的评估方法,结合工程审计数字化或数字化工程审计的特点,构建一个适用的评估框架。

数据收集与分析:研究者可以选择数据采集方法,如问卷调查、案例研究或实地观察,并收集相关数据。然后,他们可以利用合适的统计和分析方法,如回归分析、因子分析或质性研究等,来分析数据并评估工程审计数字化或数字化工程审计的绩效和效果。例如,研究者可以收集数字化工程审计项目的实施时间、项目成本、质量控制指标等数据,并通过相关分析来评估数字化工程审计对工程项目绩效的影响。

结果解释与总结:研究者将解释和总结研究结果,并评估框架和指标的有效性。他们可以讨论研究结果对工程审计数字化或数字化工程审计实践及其相关科学理论的贡献,并提出进一步研究和实践的建议。

该方法和技术的综合运用可以帮助研究者和从业人员全面评估数字化工程审计的绩效和质量。学术研究方法可以包括确定研究问题、构建评估框架、数据收集与分析等步骤,以获得对工程审计数字化或数字化工程审计的深入认识,并为实践提供有益的建议和改进方案。

3. 数据治理与标准化

数据治理是一种系统性的方法,用于管理和保护组织的数据资源。在工程审计数字化或数字化工程审计中,数据治理可以帮助确保数据的准确性、一致性、完整性和可靠性。它涵盖数据策略制定、数据质量管理、数据安全保障等方面。在数据治理与标准化方面,依据《中华人民共和国数据安全法》第二十一条的规定,提出工程审计数字化或数字化工程审计中应建立严格的数据分类和分级制度。审计过程中的数据应根据敏感性和重要性进行分类,对于关键数据和敏感信息,应实施更为严格的保护措施。此外,审计团队应遵循数据质量标准,确保数据的准确性、完整性和一致性,以支持有效的审计决策。例如,研究者可以开展数据隐私保护方面的研究,以确保数字化工程审计过程中的数据安全和隐私保护。

数据标准化是指将数据按照特定规范进行格式和内容的统一。在工程审计数字化或数字化工程审计中,数据标准化可以确保数据在不同系统和应用之间的互操作性和一致性。例如,研究者可以研究并提出一套数字化工程审计数据的标准化模型或标准化流程,以确保数据在不同工程项目中的可比性和可共享性。

如研究如何建立有效的数据治理框架来支持工程审计数字化或数字化工程审计。其研究过程如下:

理论构建:基于现有理论和框架,研究者可以构建一个理论模型,用于解释数据治理和标准化在工程审计数字化或数字化工程审计中的关键作用和影响因素。这个理论模型可以包括数据治理的各个要素,如数据策略、数据质量、数据安全等,以及数据标准化的原则和方法。

数据收集与分析:研究者可以收集工程审计数字化或数字化工程审计项目的相关数据,并进行数据预处理、清洗和整合。然后,他们可以利用合适的统计和分析方法,例如结构方程模型、聚类分析或文本挖掘等,来分析数据并验证研究模型。这个过程可以帮助研究者验证数据治理和标准化对工程审计数字化或数字化工程审计的影响以及数据质量的改善程度。

实证研究与案例分析:研究者可以选择一些实际的工程审计数字化或数字化工程审计案例,进行深入的实证研究和案例分析。例如,他们可以选取不同类型的工程项目,并比较应用数据治理和标准化的情况与未应用的情况之间的差异。通过这些案例研究,研究者可以深入理解数据治理和标准化对工程审计数字化或数字化工程审计实践的影响和价值。

结果解释与总结:研究者将对研究结果进行解释和总结,并评估数据治理和标准化的有效性。他们可以讨论研究结果对工程审计数字化或数字化工程审计实践及其相关科学理论的贡献,并提出进一步研究的建议。

该方法和技术的综合运用可以促进工程审计数字化或数字化工程审计的数据管理和数据质量保障。学术研究方法可以包括理论构建、数据收集与分析、实证研究与案例分析等步骤,以获得对数字化工程审计的深入认识,并为实践提供有价值的建议和改进方案。

4. 业界合作与实践验证

业界合作是学术界与工业界之间的合作与合作,旨在促进理论与实践的结合。在工程审计数字化或数字化工程审计中,学术界与工业界的合作可以促进学术研究与实际项目之间的互动与交流,并确保研究成果的实际有效性和可应用性。例如,学术界可以与数字化工程审计的从业人员合作,共同开展工程审计数字化或数字化工程审计的案例研究、工作坊或合作研究项目。

实践验证是将学术界提出的理论和方法应用到实际项目中进行验证的过程。在工程审计数字化或数字化工程审计中,实践验证可以帮助研究者评估和验证理论模型、方法和工具是否适用于实际工程审计数字化或数字化工程审计项目并解决实际问题。例如,研究者可以选择一个实际的工程审计数字化或数字化工程审计项目,并应用他们所开发的模型或方法来进行实践验证,以评估其有效性和实用性。

如研究如何提高数字化工程审计的效率和质量,其研究过程如下:

确定合作伙伴:研究者需要选择合适的实际工程审计数字化或数字化工程审计项目,并与相关的从业人员或组织建立合作关系。这些合作伙伴可以提供实际案例和数据,与研究者一起合作并共同解决问题。

理论与实践结合:研究者将学术界的理论和方法与实际工程审计数字化或数字化工程审计项目结合起来。例如,他们可以基于已有的理论模型或方法,开发适用于实际项目的数字化工程审计工具、流程或指南。

实践验证与数据收集:研究者将开发的工具、流程或指南应用于实际工程审计数字化或数字化工程审计项目,并收集相关的数据。这些数据可以包括项目执行的时间、成本、质量控制指标等,以评估工具或方法的有效性和实用性。

数据分析与结果解释:研究者利用合适的统计和分析方法对收集的数据进行分析,并解释实践验证结果。他们可以评估所开发的工具或方法对工程审计数字化或数字化工程审计效率和质量的改进程度,并讨论实践验证对理论和实践的贡献。

结果总结与反馈:研究者将总结实践验证的结果,并提供反馈给合作伙伴和其他相关利益相关者。通过研究实践验证工程审计数字化或数字化工程审计实践和相关科学理论的影响,并提出进一步研究和实践的建议。

这种方法和技术的综合应用可以促进学术研究与实际项目的结合,提高工程审计数字化或数字化工程审计的效率和质量。学术研究方法可以包括确定研究问题、确定合作伙伴、理论与实践结合、数据收集与分析等步骤，以获得对工程审计数字化或数字化工程审计的深入认识，并为实践提供有益的建议和改进方案。

第二节　理论研究内容

一、跨学科整合

跨学科整合在工程审计数字化或数字化工程审计科研方法中具有重要意义。在工程审计数字化或数字化工程审计中，涉及的数据复杂且领域广泛，单一学科的知识和技术往往无法解决所有问题。因此，需要整合不同学科的理论和技术，以形成更加全面和有效的解决方案。这种跨学科整合不仅有助于提高数字化审计的效率和准确性，还能够推动相关学科的发展和创新。

首先，跨学科整合需要打破不同学科之间的壁垒，将不同学科的理论和技术进行有效的融合和运用。这种整合过程需要涉及多种学科领域，例如计算机科学、统计学、数学、经济学等等。这些学科领域都有自己的理论和方法体系，通过跨学科整合可以将这些理论和方法进行有机融合，形成更加全面和有效的数字化审计科研方法和技术。

其次，跨学科整合需要重视不同学科之间的互补性。不同学科在解决问题时往往有不同的侧重点和优势，通过跨学科整合可以将这些优势进行充分发挥和互补。例如，计算机科学可以提供强大的数据处理和分析能力，而统计学和数学可以提供更加精确的数据建模和预测方法。将这些不同学科的优势进行结合，可以形成更加全面和有效的数字化审计科研方法和技术。

在工程审计数字化或数字化工程审计中，为实现跨学科整合这一重要研究课题，亦可采通过查阅和分析相关的文献资料，了解当前工程审计数字化或数字化工程审计中存在的问题和不足之处，以及不同学科的理论和方法在数字化审计中的应用和优劣。同时借鉴国内外学者的研究成果，为跨学科整合提供思路和建议。此外，还可以通过收集实际数据和资料，对不同类型、不同领域的数字化审计项目进行实证研究，了解不同学科的理论和方法在实际应用中的效果和优劣。同时针对存在的问题和不足之处，提出相应的改进措施和建议。同时，对一些成功的数字化审计案例进行深入研究和剖析，了解其背后的跨学科整合过程和方法。同时结合实际应用场景和需求，分析不同学科的理论和方法在数字化审计中的具体应用和作用。

在实现跨学科整合方面，可以采取以下措施：

建立跨学科的科研团队：整合不同学科的专家和学者，建立跨学科的科研团队，共同开展数字化审计的科研工作。这种跨学科的科研团队可以打破学科之间的壁垒，实现不同学科之间的优势互补和合作创新。

加强跨学科的培训和教育：针对数字化审计的需求和特点，加强计算机科学、统计学、数学等多学科的培训和教育。这种跨学科的培训和教育可以帮助审计人员掌握更加全面的理论和方法体系，提高数字化审计的能力和水平。

推广跨学科的科研成果：将跨学科的科研成果进行推广和应用，以推动数字化审计的进步和发展。这种推广和应用可以帮助审计人员更好地理解和应用不同学科的理论和方法体系，提高数字化审计的效率和准确性。

综上所述，通过文献综述、实证及案例研究等研究方法和技术手段的综合运用，可以了解当前工程审计数字化或数字化工程审计中存在的问题和不足之处以及不同学科的理论和方法在数字化审计中的应用和优劣，并形成更加全面和有效的数字化审计科研方法和技术的跨学科整合方案。未来，随着数字化审计的不断发展和完善，跨学科整合在工程审计数字化或数字化工程审计中的科研方法和技术的应用也将不断拓展和创新，为推动我国工程审计的整体水平提供更多有益的启示和思考。

二、模型和算法的开发与优化

从学术角度来看，考察技术研发型在工程审计数字化或数字化工程审计中模型与算法开发的科研方法和技术需要对相关概念有清晰的理解。模型与算法开发在工程审计数字化中扮演着核心角色，涉及对数据的获取、处理、分析和解释，以发现潜在的模式和规律，为审计决策提供支持。此类研究不仅需要深厚的计算机技术知识，还需融合统计学、数学等领域的方法，以实现对复杂数据的深度挖掘和分析。而算法优化更多地集中在工程审计数字化的科研方法与技术方面，因此需要深入研究审计算法的内在机制和性能表现，通过优化算法参数、减少计算复杂度和提高运行效率等方式，实现审计效率的提升和性能的改进。

在工程审计数字化或数字化工程审计中，模型与算法开发是核心环节，主要关注大规模数据的处理和分析，以提取对审计决策有指导意义的信息。通过数据挖掘技术发现数据中的模式和趋势，并利用机器学习算法对这些模式进行学习和预测，实现对工程项目的全面、准确评估。优化和改进算法可以减少计算时间和内存占用，提高审计程序的运行速度，缩短审计周期，从而提高审计效率。同时可以减少误差和错误，提高审计结果的准确性，降低审计风险，保障工程的安全和稳定。此外还有助于实现审计程序的自动化和智能化，减少人工干预和错误，提高审计自动化水平。

首先，模型与算法是工程审计数字化或数字化工程审计体系的核心组成部分。它们能够精确识别和处理大量的审计数据，包括结构化数据和非结构化资料，从而提高审计的效率和准确性。通过利用 OCR、NLP、RPA 等先进技术，这些模型和算法能够有效地从审计资料中提取关键信息，进行数据分析，进而发现潜在的风险和问题。

其次，模型与算法的开发有助于推动工程审计的智能化进程。智能化审计是信息时代审计行业的发展趋势，而模型和算法则是实现这一目标的关键工具。通过不断优化和更新模型和算法,可以使其更加适应复杂的审计环境,提高审计的自动化水平,减少人为干预,降低审计成本,同时提高审计结果的可靠性和公正性。利用文献综述研究方法,对已发表的学术论文、研究报告等进行系统的查阅和分析,了解当前在工程审计数字化或数字化工程审计中模型与算法开发的最新进展、趋势及存在的问题。在对大量关于工程审计数字化或数字化工程审计模型与算法开发的文献进行综述后,发现现有的研究主要集中在聚类分析、异常检测和预测模型等方面,但很少关注数据隐私和安全性的保护。因此,有学者提出了一个基于深度学习的数据加密方法,既保证了数据的隐私性,又提高了数据处理的速度和准确性。

利用实证研究方法,通过收集实际工程审计数据,对提出的模型和算法进行实证研究,验证其有效性和可行性。有学者,提出了一种基于深度学习的异常检测算法,通过对某大型工程建设项目的实际数据进行实证研究,发现该算法能够准确、高效地识别出异常数据,为审计人员提供了有力的决策支持。

从系统科学的角度出发,对工程审计数字化或数字化工程审计中的模型与算法开发进行全面的分析和设计。这涉及对模型与算法的复杂性、适应性、稳定性等方面的研究,以确保其在实际应用中能够发挥预期的作用。某团队采用系统科学研究方法,对工程审计数字化系统进行了全面的分析和设计。他们首先对系统进行需求分析,明确系统的功能和性能要求;然后进行系统的架构设计,确保系统的可扩展性和可维护性;最后进行系统的实现和测试,确保系统的稳定性和可靠性。

1.从学术研究角度的技术研发型在工程审计数字化或数字化工程审计中的应用

算法优化策略研究方法:针对某一特定工程审计算法,通过深入研究算法的内在机制和性能表现,提出优化策略,包括减少计算复杂度、提高运行效率等措施。例如,针对某一基于聚类的工程审计算法,提出了采用特征选择技术来减少计算复杂度,同时也提出了一种新的聚类算法以提高运行效率。通过实验验证,该优化策略能够显著提高算法的运行效率和准确性。

算法改进技术研究方法:针对现有工程审计算法的不足之处,深入分析原因并寻找解决方法,从而对算法进行改进和优化。例如,针对某一基于神经网络的工程审计算法,发现该算法易受噪声数据干扰,提出了采用一种新型的神经网络结构以增强算法的鲁棒性。通过实验验证,改进后的算法在处理噪声数据时表现更为稳定和可靠。

系统优化技术研究方法:通过对整个工程审计系统进行全面分析和综合考虑,对系统进行优化和改进,实现整个系统的高效运行和高质量服务。例如,针对某一大型工程审计系统,提出了一种基于云计算的系统架构优化方案。该方案可以将计算任务分布到多个计算节点上,提高系统的并行处理能力和整体性能。同时,该方案还考虑到了数据隐私和安全性的保护,实现了系统的全面优化和改进。

2.综合研究方法和技术

除上述研究方法和技术外,还可以结合其他研究手段,如数学建模、计算机仿真等,以实现对工程审计数字化或数字化工程审计中模型与算法开发以及算法优化与改进的深入研究。此外,随着数据科学、机器学习等领域的快速发展,新的算法与模型不断涌现,也为工程审计数字化或数字化工程审计中的模型与算法研发以及优化与改进提供了更多的可能性。

综上,从学术角度考察技术研发型在工程审计数字化或数字化工程审计过程中对提高审计效率与准确性有重要意义。在模型与算法开发的科研方法和技术方面,通过对文献的综合分析、实证研究以及系统科学研究等方法和技术手段的综合运用,可以推动工程审计数字化或数字化工程审计的科研方法和技术的不断进步和创新。随着科技进步和社会发展,期待工程审计数字化或数字化工程审计中的模型与算法研发以及其优化与改进能够实现更多的突破和创新,为推动我国工程审计事业的发展做出更大的贡献。

三、智能化审计系统

智能化审计系统可以利用人工智能和机器学习等技术,快速、准确地处理和分析大量的审计数据,从而缩短审计周期,提高审计效率。同时,实现自动化和智能化的审计过程,减少人为干预和错误,从而加强审计控制,降低审计风险。此外处理和分析复杂的业务数据,挖掘出隐藏在数据中的规律和异常情况,从而增强审计能力,提高审计质量。在数字化工程审计领域,智能化审计系统的研究内容包括人工智能(AI)和自动化的应用。Appelbaum 等人认为在大数据环境下,审计行业有潜力进行更先进的预测性和规范性分析,他认为未来审计鉴证职能的自动化需要集成到它的基本过程中,达到即时反映在预测、规定和预防性分析模式中的效果[13]。

人工智能是一种模拟人类智能的技术,包括机器学习、自然语言处理、图像识别等。在工程审计数字化或数字化工程审计中,人工智能可以应用于数据分析、异常检测、模型构建等方面,帮助研究者处理复杂的审计任务和大量的数据。例如,通过机器学习算法,可以构建预测模型来预测项目的进展情况、风险情况等。自动化是通过技术和工具实现审计流程中的自动化执行和控制。在数字化工程审计中,自动化可以应用于数据采集、数据处理、报告生成等环节。例如,通过自动化工具可以自动收集工程项目的数据、进行数据清洗和验证,并生成审计报告。这样可以提高审计流程的效率和准确性。人工智能可以帮助数字化工程审计中的数据分析、决策和预测,自动化则可以提高审计流程的效率和准确性。

下面将从学术角度的技术研发型来综合解释智能化审计系统在工程审计数字化或数字化工程审计中的科研方法和技术。

1.学术角度的技术研发型在工程审计数字化或数字化工程审计中的应用

基于机器学习的算法优化:机器学习是人工智能的一个重要分支,它可以在大规模数据中寻找规律和模式,从而实现对数据的自动化分类、预测和推荐等任务。在智能化审计系统中,可以使用机器学习算法来优化审计过程,例如基于聚类的异常检测算法、基于关联规则的财务欺诈检测算法等。通过机器学习算法的优化,可以提高审计效率和准确性。

基于自然语言处理的文本挖掘:自然语言处理是人工智能中的另一个重要分支,它可以将文本数据转换为结构化数据,从而实现对文本数据的自动化分析、提取和归纳等任务。在智能化审计系统中,可以使用自然语言处理技术来对非结构化数据进行文本挖掘,例如对工程合同、邮件、会议记录等文本数据进行情感分析和关键信息提取等操作。这有助于从大量文本数据中发现隐藏的规律和关键信息,为审计决策提供更多有价值的参考依据。

基于数据可视化的交互式审计:数据可视化是一种将复杂数据通过图形、图像等方式呈现出来的技术,可以帮助人们快速、准确地理解数据。在智能化审计系统中,可以使用数据可视化技术来实现交互式审计,例如将审计数据以图表、图像等形式呈现出来,帮助审计人员更直观地了解数据特征和分布规律,以便更好地进行审计决策。此外,数据可视化还可以帮助审计人员对数据进行快速筛选和对比,提高审计效率和准确性。

基于云计算的大数据处理:云计算是一种将计算资源通过网络提供给用户使用的技术,它可以处理大规模数据,实现数据存储、处理和计算等任务的分布式处理。在智能化审计系统中,可以使用云计算技术来处理大规模数据,例如对海量的工程合同、发票、账目等数据进行高效处理和深度挖掘。这可以提高数据处理效率和准确性,帮助审计人员更好地把握整体数据特征和规律。

2. 综合研究方法和技术

除上述研究方法和技术外,还可以结合其他研究手段,如数学建模、计算机仿真、机器深度学习、知识图谱的语义推理算法等来进一步深入探索智能化审计系统的科研方法和技术。同时,以下是一些可能的研究方向:

结合多种人工智能技术的审计决策研究:考虑到单一的人工智能技术可能无法完全解决复杂的审计问题,可以尝试将多种人工智能技术(如机器学习、自然语言处理、深度学习等)进行融合,从多角度、多层次来分析审计问题,提高决策的科学性和准确性。

基于大数据分析的异常检测和风险评估研究:利用大数据分析技术对工程审计数据进行深入挖掘和分析,发现隐藏在数据中的异常情况和风险因素,为审计决策提供更加全面和准确的支持。

基于区块链技术的安全审计研究:区块链技术具有去中心化、不可篡改等特点,可以应用在工程审计领域中的安全审计方面。例如,利用区块链技术实现审计数据的分布式存储和共享,增加数据的安全性和可信度;同时可以研究基于区块链的智能合约审计技术,提高自动化审计的程度和准确性。

多学科交叉的综合性研究:除计算机科学和数学等学科外,工程审计领域还涉及经济学、管理学、法学等多个学科。因此可以尝试将多学科理论和方法引入到智能化审计系统的研究中,拓展研究领域和研究深度,推动智能化审计系统的创新发展。

随着技术的不断进步和发展,智能化审计系统将在工程审计数字化领域发挥越来越重要的作用。未来,我们可以期待智能化审计系统在算法优化、数据处理、交互体验等方面实现更多的突破和创新,为推动我国工程审计事业的发展做出更大的贡献。

综上所述,从学术角度出发,智能化审计系统在工程审计数字化中的科研方法和技术具有广阔的研究前景和应用价值。通过综合运用多种技术手段和方法,我们可以不断提升智能化审计系统的性能和效率,为工程审计工作的创新发展提供有力支持。

四、数据隐私和安全保护

在工程审计数字化或数字化工程审计领域,学术角度的技术研发型研究方法和技术不仅关注数据的分析和处理,也特别关注数据隐私和安全保护。数据隐私保护旨在确保数据在存储、传输和处理过程中的机密性和匿名性。在工程审计数字化或数字化工程审计中,研究者需要采取一系列方法和技术来保护敏感数据,如个人身份信息、商业机密和项目细节,以防止非授权访问和滥用。常用的数据隐私保护方法包括数据加密、数据模糊化、访问控制等。

数据安全保护关注数据的完整性和可用性,以确保数据在存储、传输和处理过程中不受损坏、篡改或丢失。在工程审计数字化或数字化工程审计中,研究者需要采取措施来保护数据免受恶意攻击和未经授权的访问。常用的数据安全保护方法包括身份认证、访问控制、防火墙、密码学技术等。

在工程审计中,数据隐私和安全保护是至关重要的。工程审计资料涉及大量敏感和关键数据,如工程造价、工程进度等。这些数据一旦泄露或被篡改,可能导致严重的经济损失和信誉危机。因此,数据隐私和安全保护是保障工程审计数据安全的基础。同时,审计的公正性依赖于数据的真实性和完整性。而数据隐私和安全保护可以防止数据被恶意篡改或伪造,从而确保审计结果的公正性和准确性。此外,国家也要求审计单位在处理敏感数据时,必须采取必要的安全措施以保护数据隐私。这类保护涵盖了数据的机密性、完整性和可用性,以及防止未授权访问、复制和滥用数据的措施。国外学者 Yesmin 等人提出了一个包含数据质量评估、合规性检查、风险评估和结果报告四步骤的框架帮助审计人员更好的评估数据,这个框架可以根据员工需求创建定制的分类,应用监督机器学习算法来解决一些异常访问情况[14]。

针对这一主题,学术界开展了一系列技术研发型的研究工作,以提出和实现有效的数据隐私和安全保护方案。

(1)学术角度的技术研发型在工程审计数字化或数字化工程审计中的应用

数据加密技术:在对敏感数据进行处理和传输时,使用加密技术可以确保数据隐私。例如,差分隐私技术是一种数据隐私保护方法,它通过添加随机噪声来保护敏感数据。使用这种技术,可以在保证数据准确性的同时,防止数据被恶意攻击者识别和利用。

数据访问控制:实施严格的访问控制策略可以防止未授权用户访问敏感数据。例如,可以使用基于角色的访问控制(RBAC)策略,为不同角色的用户分配不同的数据访问权限。此外,还可以使用属性基加密(ABE)技术,根据用户的属性来控制数据的访问。

数据完整性保护:通过使用哈希函数和数字签名等技术,可以确保数据的完整性,防止数据被篡改或伪造。例如,可以使用哈希算法生成数据的唯一哈希值,通过对比哈希值来验证数据的完整性。

数据审计与监控：在数据处理过程中，可以通过引入第三方审计和监控机制，确保数据的真实性和合法性。例如，可以使用区块链技术构建去中心化的数据审计平台，记录数据的访问和使用情况，防止数据被滥用或篡改。

（2）综合研究方法和技术

在研究数据隐私和安全保护时，可以采用以下综合研究方法和技术：

文献综述：系统地查阅和分析关于数据隐私和安全保护的学术文献，了解当前的研究现状、主流技术和面临的问题。通过文献综述，可以梳理出现有的研究成果和不足之处，为后续研究提供参考。

形式化方法和模型：使用形式化方法和模型来描述、分析和验证数据隐私和安全保护机制的有效性。例如，可以使用形式化查询语言来表示数据隐私需求和安全策略，构建模型来评估不同保护机制的性能和安全性。

安全性分析与测试：通过进行安全性的分析与测试，可以发现潜在的安全漏洞和风险。例如，可以模拟黑客攻击、数据泄露等场景，对现有的数据隐私和安全保护方案进行压力测试和性能评估。

合规性评估：针对工程审计数字化或数字化工程审计的法规要求，评估现有数据隐私和安全保护方案是否符合相关法规的规定。如果不符合，需要提出改进措施以合规。

综上，工程审计数字化或数字化工程审计相关学术研发型的应用对数据隐私和安全保护具有重要意义。在工程审计数字化的过程中，数据隐私和安全保护是保障数据安全、确保审计公正以及满足合规要求的基础。为了应对这些挑战，学术界提出了一系列技术研发型的应用，通过采用多种先进的数据加密技术和访问控制策略、引入第三方审计和监控机制以及进行安全性分析与测试等方法和技术手段的综合运用可以最大限度地降低未授权访问、复制和滥用数据的可能性保障工程审计的公正性和准确性提高我国工程审计事业的水平。但是工程审计数字化中的数据隐私和安全保护是一个复杂而重要的问题，需要学术界和企业界共同努力，通过技术研发和应用，确保数据的安全性和隐私性，为工程审计的顺利进行提供有力保障

五、准则制定

在工程审计数字化或数字化工程审计转型的发展过程中，从学术角度审视，需不断完善两方面的准则以适应技术进步与合规需求。

首先，数字化审计所参照的法律法规及各部门制定的规章制度亟待更新与完善。伴随人工智能等前沿技术的迅猛发展，其在诸多领域的应用引发了诸多问题与挑战。在审计领域，同样面临着诸如著作权归属、算法透明度与可解释性等法律与伦理问题。因此，有必要对现行法律法规进行细致梳理，明确数字化审计的法律边界与合规要求，以保障技术应用的合法性与合理性。

其次，审计资料的数据伦理及数据安全准则也需得到充分重视。审计数据往往涉及众

多公司与个人的隐私信息,如何在保障数据安全的前提下,确保不侵犯他人隐私、不泄露商业秘密,成为数字化转型过程中必须面对的重大课题。此外,对于数据的开放程度与共享边界也需要进行审慎把握,以平衡数据利用与隐私保护之间的利益冲突。这要求我们在推动数字化转型的同时,强化数据伦理意识,构建完善的数据安全防护体系,确保审计活动的合规性与稳健性。

（一）标准和准则的制定

学术角度的管理模式型在工程审计数字化或数字化工程审计中的标准和准则制定具有重要意义。在工程审计数字化中,为了确保审计的准确性和可靠性,需要制定一系列的标准和准则来规范审计行为,从而推动数字化审计的不断进步和发展。

首先,标准和准则的制定在工程审计数字化或数字化工程审计中起着指导和规范的作用。在数字化审计中,不同的行业和领域可能有不同的审计要求和标准。因此,需要制定相应的标准和准则来指导和规范数字化审计的科研方法和技术的使用。可以制定针对特定行业的数字化审计标准和准则,以确保审计结果的可比性和互操作性;《中华人民共和国国家审计准则》与《中国注册会计师审计准则》便是针对不同对象规定的有显著差异的标准与准则。国家审计准则是由政府审计机关和审计人员在进行审计工作时必须遵循的规范和标准,其目标在于维护国家财政经济秩序,提高财政资金使用效益,促进廉政建设,保障国民经济和社会健康发展。而注册会计师审计准则则是注册会计师执行审计业务时应当遵循的规范,其目标在于确保注册会计师能够按照统一的标准进行审计,保证审计报告的客观、公正和准确,从而保护投资者和其他利益相关者的权益。也可以制定通用的数字化审计标准和准则,以推动不同行业和领域之间的交流和合作。例如《中华人民共和国审计法》是审计工作的基本法律,主要规定了审计机关和审计人员的职责、权限、审计程序、法律责任等,为审计工作提供了基本的法律保障和指引。

其次,标准和准则的制定需要充分考虑数字化审计的特点和需求。数字化审计涉及到大量的数据采集、处理和分析,因此需要制定相应的标准和准则来规范数字化审计的科研方法和技术的使用。例如,可以制定针对数字化审计的数据采集标准和准则,以确保数据的准确性和可靠性;也可以制定针对数字化审计的数据处理标准和准则,以规范数据处理的过程和结果,从而确保审计结果的准确性和可靠性。

在工程审计数字化或数字化工程审计转型的进程中,技术进步的步伐已远远超越了规则制定的速度,导致我们不得不面临着法律法规及规章制度滞后于技术发展的严峻挑战,尤其是人工智能技术在审计领域的应用引发了诸多法律与伦理问题。现有法律体系未能及时跟进技术的快速演进,导致数字化审计实践中的法律空白与模糊地带;数据处理的复杂性使得著作权归属与知识产权保护成为亟待解决的问题;算法黑箱特性影响审计结果的透明度和可信度;同时,审计数据的敏感性对数据伦理和隐私保护提出了更高要求。为应对这些挑战。

针对这些问题,国内外的学者在理论研究中采用多种学术研究方法。首先,通过文献综述研究方法,学者可以广泛查阅和分析相关文献,深入了解数字化审计的发展脉络、技术应用现状以及存在的不足,同时借鉴其他领域的最新研究成果,为数字化审计的标准和准则制定提供新的视角和方法论。其次,实证研究方法的运用,使学者能够基于实际数据和资料,对数字化审计的标准和准则进行严谨的实证检验,验证其有效性与可靠性,并在此基础上发现并改进现有标准的不足。最后,系统科学的研究方法能够帮助学者从宏观上对数字化审计系统进行全面剖析,提出更为优化的系统架构和方法论,同时对数字化审计中的各类因素进行深入分析和评估,从而制定出更为科学的管理策略和方法。

在研究和制定数字化审计的标准和准则时,必须注意以下几点:一是全面考虑数字化审计的实际需求和特点,确保所制定的标准和准则具有高度的针对性和实用性;二是善于借鉴现有的成熟标准和准则,以避免不必要的重复劳动和资源浪费;三是保持标准和准则的持续更新和优化,以适应数字化审计领域的不断进步和发展。

为此,可以提出了一系列解决方案,包括借鉴国际经验、完善数据权属登记制度、采用先进技术手段保障数据安全、引入算法审计机制、推动算法技术创新、加强公众参与以及提升审计人员的数据伦理意识等。这些措施的实施不仅需要技术层面的支持,更依赖于法律法规的完善、行业标准的建立以及公众意识的提升,共同推动数字化审计的健康可持续发展。

（二）数据伦理与准则

数据伦理与准则在学术角度的管理模式下,在工程审计数字化或数字化工程审计过程中有严格要求。在工程审计数字化中,涉及大量的数据收集、处理和分析,因此数据伦理和准则对于数字化审计的科研方法和技术的使用显得尤为重要。

首先,数据伦理关注的是数据收集和使用过程中的道德和伦理问题。在工程审计数字化中,数据伦理需要考虑以下几个方面:

数据隐私和保密性:审计数据往往涉及个人、企业或政府的敏感信息,因此需要采取措施确保数据的隐私和保密性。学术界正在研究如何保护审计数据的安全和隐私,例如采用数据加密、访问控制等措施来保护数据的机密性和完整性。

数据公正性和无歧视性:在数据收集和使用过程中,应该避免出现歧视和不公正的现象。学术界正在研究如何确保数据的公正性和无歧视性,例如制定科学的数据采集和分析方法,避免出现数据偏见和歧视。

数据责任和可追溯性:在数据收集和使用过程中,应该明确数据的责任和可追溯性。学术界正在研究如何实现数据的可追溯性和责任认定,例如通过数据标记和审计日志等方式来确保数据的可追溯性和责任认定。

其次,数据准则是数字化审计中需要遵循的一系列规范和标准。在工程审计数字化或数字化工程审计中,数据准则需要考虑以下几个方面:

数据标准化和规范化:在数据采集和处理过程中,需要遵循一定的标准化和规范化原则。学术界正在研究如何实现数据的标准化和规范化,例如制标准和准则制定

统一科学的数据格式和标准,以确保不同来源和类型数据的可融合性和可互操作性。

数据质量和精度控制：在数据采集和处理过程中，需要控制数据的质量和精度。学术界正在研究如何实现数据的质量和精度控制，例如采用先进的数据清洗和预处理方法，以确保数据的准确性和可靠性。

数据透明度和可解释性：在数据采集和使用过程中，需要保证数据的透明度和可解释性。学术界正在研究如何实现数据的透明度和可解释性，例如通过可视化技术来呈现数据和模型结果，以帮助人们更好地理解和信任所使用的数字化审计方法和结果。

在工程审计数字化或数字化工程审计中，数据伦理和准则对科研方法和技术的使用也有着重要的影响。例如，在使用机器学习技术进行审计决策时，需要考虑模型的透明度和可解释性，以确保决策的公正性和可信度；在使用数据挖掘技术分析审计数据时，需要遵循一定的数据隐私和保密性原则，以保护敏感信息的安全；在使用统计分析技术对审计数据进行处理和分析时，需要控制数据的质量和精度，以确保分析结果的准确性和可靠性。

综上所述，学术角度的管理模式型在工程审计数字化中的数据伦理与准则主要体现在数据隐私和保密性、数据公正性和无歧视性、数据责任和可追溯性、数据标准化和规范化、数据质量和精度控制、以及数据透明度和可解释性等方面。这些方面的综合考量对于数字化审计的科研方法和技术的使用至关重要，有助于推动工程审计数字化的可持续发展。

六、审计人员的伦理意识和素质

审计人员的伦理意识和素质在工程审计数字化或数字化工程审计进程中占据着举足轻重的地位。在传统审计模式下，审计人员的伦理修养和专业素质便是确保审计质量与信誉的基石。现有的审计职业道德体系包含了六大核心原则：诚信原则、独立性、客观公正性、保密原则、专业胜任能力以及持续学习的精神。然而，随着数字化转型的加速推进，审计人员面临的挑战也在不断演变。他们不仅要坚持传统的职业道德标准，还需适应新技术环境下的新要求。

审计人员应当秉持诚信与正直的原则，严格遵守保密规定，确保敏感信息的安全。他们需要保持独立性和客观性，抵御外部利益的诱惑，正确使用技术工具，避免任何形式的利益冲突。此外，审计人员必须不断更新自己的专业知识和技能，熟练掌握数据分析工具、区块链和人工智能等前沿技术，以此提升审计工作的效率和准确性。

在伦理意识层面，审计人员应尊重数据的原始来源和使用权限，积极参与行业规范的制定和完善，保持一种持续学习和自我提升的态度。在专业素养方面，审计人员需要具备出色的数据分析能力、高效的沟通技巧和卓越的团队合作精神。同时，他们还应具备强烈的风险管理意识，能够准确识别并妥善应对数字化环境中可能出现的各种潜在风险。

审计人员在数字化转型的大潮中，必须全方位地提升自己的职业道德、专业素养和伦理意识，以满足新时代审计工作的需求，确保审计结果的品质和公信力。

为了深入了解当前审计人员的伦理意识和素质状况，我们通过查阅和分析大量相关文献资料，揭示了存在的问题和不足之处。在此基础上，我们借鉴了国内外学者的研究成果，提出了一系列旨在提高审计人员伦理意识和素质的策略和建议。

例如,有学者通过对工程审计数字化或数字化工程审计相关文献的综合分析,指出了数据隐私保护、数据公正性、无歧视性以及数据责任追溯等方面存在的问题。针对这些挑战,学者们提出了一系列伦理原则和规范,为工程审计数字化的深入推进提供了坚实的理论基础和实践指导。

为了更深入地研究审计人员的伦理意识和素质,我们可以采用多种研究方法和技术。案例研究法可以帮助我们分析数字化审计中的典型案例,理解其中的伦理原则和素质要求;定性与定量相结合的方法则能够为我们提供一个全面的评价和分析框架;实验研究法则可以对提出的培训措施和建议进行科学的验证,以评估其实际效果和可行性。

通过综合运用文献综述、实证研究和系统科学等多元化研究手段,我们可以更深入地理解和解决当前面临的伦理道德和技术技能等方面的挑战。这将有助于推动工程审计数字化向更加科学、可靠的方向发展,实现更加公正、公平、准确的审计目标。展望未来,随着数字化审计领域的持续发展和完善,对审计人员伦理意识和素质的研究也将不断深化和拓展,为提升我国工程审计的整体水平贡献更多的智慧和力量。

通过查阅和分析相关的文献资料,了解当前审计人员的伦理意识和素质状况以及存在的不足之处。同时借鉴国内外学者的研究成果,为提高审计人员的伦理意识和素质提供思路和建议。

例如,经过对国内外关于工程审计数字化或数字化工程审计的相关文献进行详尽的综述与分析,有学者揭示了当前数字化审计实践中面临的诸多挑战,包括数据隐私与保密性、数据的公正性与无歧视性、以及数据的负责性和可追溯性等问题。为应对这些挑战,学者们提出了一系列相应的伦理原则和规范,旨在为工程审计数字化的进一步发展提供坚实的理论基石和实践指南[15]。如对数字化审计中关于研究算法的歧视问题。搜索引擎补全算法可能展现出对特定群体的偏见[16],甚至在呈现特定移民社群的信息时产生污名化效果[17]。然而,这种歧视现象并非仅由算法系统本身所导致,而是媒体逻辑、新闻制作流程与算法系统逻辑相互交织的结果。此外,审计研究还关注算法如何扭曲现实信息环境,例如用户在搜索时倾向于选择与自己政治立场一致的关键字,而谷歌搜索引擎在使用这些查询时,往往倾向于生成符合用户政治观点的搜索结果[18]。

此外,还可以综合运用多种研究方法和技术对审计人员的伦理意识和素质进行深入研究。例如,可以采用案例研究法分析数字化审计中出现的典型案例,了解其背后的伦理原则和素质要求;可以采用定性和定量相结合的方法对审计人员的伦理意识和素质进行综合评价和分析;还可以采用实验研究法对提出的培训措施和建议进行实验验证,以评估其有效性和可行性。

通过文献综述、实证及系统科学研究方法等多种技术手段的综合运用,可以深入了解并解决当前存在的伦理道德以及技能水平等方面的问题和挑战,从而推动工程审计数字化的科学性及可靠性,以实现更为公正、公平、准确的审计目标。未来,随着数字化审计的不断发展和完善,对审计人员伦理意识和素质的研究也将不断深入和拓展,为提高我国工程审计的整体水平提供更多有益的启示和思考。

第三节　从企业角度出发的研究方法与技术

一、数据采集和处理

在工程审计数字化或数字化工程审计过程中,数据采集和处理是非常重要的环节,关乎审计的准确性和效率。通过数据采集和处理,可以确保审计数据的完整性。在工程审计中,涉及大量不同类型的数据,如工程合同、发票、验收报告等。传统的工程审计是针对审计范围,依据重要性原则进行抽查,发现具体问题后再审查其他项目中是否存在同样的问题。在实务工作中,工程项目的审计更注重对审计问题定性,对问题定量并不全面,存在审计风险。通过系统的数据采集和处理方法,可以将这些数据完整、准确地转化为数字化信息,为审计工作提供全面的数据支持,规避部分因抽样调查带来的审计风险,并对发现的审计问题进行更全面的定量分析。同时,利用数据挖掘等技术对数据进行采集和处理,可以减少人为错误和误差,提高审计的准确性。此外,数据采集和处理可以通过自动化和智能化的方法,快速处理大量数据,提高审计效率。在工程审计中,涉及的数据量非常大,传统的手工处理方法效率低下,而通过数据采集和处理技术,可以缩短审计周期,减少人工干预,提高审计效率。

从企业和技术研发角度来看,数据采集和处理在工程审计数字化或数字化工程审计中起着重要的作用。数据采集和处理是指企业通过各种技术手段获取、整理和处理工程审计数字化或数字化工程审计所需的数据。其中数据采集的方法分为结构化数据采集与非结构化数据采集两种,企业可以通过内部数据系统和应用程序收集结构化数据,例如数据库查询、API 接口、数据传输等。这些数据一般具有明确的格式和字段,方便使用和分析。企业可以通过网络爬虫、文本挖掘等技术采集非结构化数据,如社交媒体内容、新闻报道、电子邮件等。这些数据通常是以文本或图像形式存在,需要进行处理和转化后才能使用。

数据预处理包括清洗、整合和标准化。通过对采集的数据进行清洗,去除重复值、缺失值、异常值等,以提高数据的质量和一致性。进而将来自不同数据源的数据进行整合,使得数据能够被统一管理和分析。可以采用数据集成、数据匹配和数据转换等技术进行数据整合。对数据进行统一的格式和单位转换,以确保数据可比较和可分析。例如,将不同单位的货币金额转换为相同的货币单位,或将日期格式统一为特定的格式。

数据质量管理则通过验证、审计等手段确保数据的准确性和完整性。而数据安全和隐私保护技术,如加密、权限管理和隐私保护等措施,则用以保障数据的安全性和合规性。

在工程审计数字化或数字化工程审计中,高质量的数据采集和处理可以为审计人员提供准确、可靠的数据基础,以支持审计分析和决策。下面将综合解释数据采集和处理在工程审计数字化或数字化工程审计中的科研方法和技术,并给出一个学术研究方法的示例及其研究过程。

以下是一个学术研究方法的示例及其研究过程:

研究目标确定:研究者明确研究目标,例如如何通过数据采集和处理提高数字化工程审计的数据可靠性和效率。

数据采集方法设计:研究者设计数据采集方案,包括采集对象、采集方法、数据源等。可以采用调研、实地观察等方式获取数据采集过程中的实际情况。

数据预处理设计:研究者设计数据预处理方法,包括数据清洗、数据整合和数据标准化等。可以使用数据处理软件和算法,如 Python 编程语言、数据挖掘工具等。

数据质量评估:研究者从数据质量的角度评估数据采集和处理过程中的问题和挑战。通过数据验证和验证、数据质量指标等方法,评估数据的准确性、完整性和一致性。

数据安全和隐私保护设计:研究者设计数据安全和隐私保护措施,确保采集和处理过程中的数据安全和隐私保护。可以使用加密算法、访问控制等技术和方法。

结果总结与推广:研究者总结研究结果,提出对数字化工程审计实践的建议。还可以讨论数据采集和处理在工程审计数字化或数字化工程审计中的应用潜力,并提供进一步研究和实践的方向。

企业可通过数据采集方法、数据预处理技术、数据质量管理技术和数据安全和隐私保护技术实施数据采集和处理,提高数字化工程审计的数据可靠性和效率。学术研究方法包括研究目标确定、数据采集方法设计、数据预处理设计、数据质量评估、数据安全和隐私保护设计等步骤,以获得对工程审计数字化或数字化工程审计的深入认识,并为企业实践提供有益的建议和改进方案。

从管理模式型来综合解释数据采集和处理在工程审计数字化或数字化工程审计中的科研方法和技术,并举例学术研究方法及其研究过程。

1.学术角度的技术研发型在工程审计数字化中的应用

数据挖掘技术:在数据采集和处理过程中,使用数据挖掘技术可以发现隐藏在大量数据中的有用信息和模式。例如,通过关联规则挖掘、聚类分析等数据挖掘方法,可以帮助审计人员发现数据中的关联和规律,更好地理解数据特征和业务风险。

机器学习技术:一种自动化和智能化的数据处理和分析技术。在工程审计数字化或数字化工程审计中,可以使用机器学习算法对数据进行分类、预测和推荐等任务。例如,基于监督学习的分类算法可以用于异常检测和欺诈识别,提高审计的准确性和效率。

大数据处理技术:可以帮助审计人员处理和分析大规模、复杂的数据。例如,使用分布式计算框架如 Hadoop、Spark 等,可以处理大规模的工程合同、发票等数据,提高数据处理效率和准确性。

数据可视化技术:将复杂的数据以图表、图像等形式呈现出来,帮助审计人员更直观地理解数据特征和分布规律。例如,可以使用数据可视化工具将审计数据进行可视化展示,帮助审计人员快速发现数据中的异常和问题。

2.综合研究方法和技术

除了上述研究方法和技术,还可以结合其他研究手段,如数学建模、计算机仿真等来进一步深入探索数据采集和处理在工程审计数字化或数字化工程审计中的科研方法和技术。同时,以下是一些可能的研究方向:

基于云计算的数据处理方法研究:云计算可以提供大规模、高效的计算资源,为数据采集和处理提供更好的支持。可以研究基于云计算的数据处理方法,提高数据处理效率和大规模数据处理能力。

基于人工智能的数据处理技术研究:人工智能可以帮助实现数据的高效处理和深度挖掘。可以研究基于人工智能的数据处理技术,如自然语言处理、图像识别等技术,提高数据处理的自动化和智能化水平。

基于区块链的数据安全和可信度研究:区块链技术可以提供数据的安全存储和可信验证。可以研究基于区块链的数据安全和可信度问题,提高数据的可信度和安全性。

多学科交叉的数据综合分析研究:除了计算机科学和数学等学科外,工程审计领域还涉及经济学、管理学、法学等多个学科。可以尝试将多学科理论和方法引入到数据采集和处理的研究中,综合分析数据中的隐藏信息和模式,提高审计的准确性和效率。

综上,从企业角度的管理模式型来看,数据采集和处理在工程审计数字化或数字化工程审计中的科研方法和技术具有重要意义。综合运用数据挖掘、机器学习、大数据处理、数据可视化等多种技术手段,可以实现对工程审计数据的全面、准确、高效处理,为审计工作提供有力支持,推动我国工程审计事业的创新发展。随着技术的不断进步和发展,期待数据采集和处理领域能实现更多的突破和创新,为推动我国工程审计事业的发展做出更大的贡献。

二、数据分析与挖掘

在企业的数字化转型和技术研发进程中,数据分析与挖掘已成为工程审计数字化或数字化工程审计不可或缺的一环。这一技术运用统计学、机器学习、人工智能等多元化手段,深度挖掘审计数据的内涵,揭示其中的信息和规律,为工程审计数字化或数字化工程审计的策略制定和问题发现提供有力支撑。

统计分析层面,我们运用描述统计、推断统计、相关分析和回归分析等多种统计学方法,剖析审计数据的内在联系和发展趋势。机器学习的应用则使我们能够从海量数据中提炼出模式识别和预测分析,借助聚类分析、分类算法、决策树及支持向量机等工具,洞察数据背后的隐含模式和异常情况。

自然语言处理的引入,让我们能够高效处理和分析文字及文本数据,通过文本挖掘、情感分析和主题建模等手段,深入解读文本信息的深层含义。而数据可视化技术的运用,则将复杂数据转化为直观易懂的图表和图形,极大提升了审计人员对数据的理解和分析效率。

当前,广泛应用的数据挖掘方法包括关联规则挖掘,它能有效揭示数据间的关联性,如购物篮分析中的商品关联;聚类分析则能将相似数据聚集在一起,展现数据的内在结构和潜在信息;预测和分类技术利用已知数据进行模型训练,以预测和判定未知数据的属性或类别;而异常检测则专注于识别数据中的异常模式和离群点,有助于及时发现异常情况和潜在的欺诈行为。以下是一个学术研究方法的示例及其研究过程:

研究目标确定:研究者明确研究目标,例如如何利用数据分析与挖掘技术提高数字化工程审计的有效性和发现潜在问题。

数据采集和预处理:研究者设计数据采集方案,收集与数字化工程审计相关的数据,并进行数据清洗、数据集成和数据标准化等预处理步骤。

研究方法设计:研究者选择适用于研究目标的研究方法,可以包括实证研究、案例分析等。例如,可以通过实证研究的方式收集数字化工程审计从业人员的实际数据和经验。

数据分析与挖掘:研究者利用数据分析与挖掘技术,对收集的数据进行分析。他们可以使用统计分析、机器学习和自然语言处理等方法,从数据中提取有用的信息和模式。

结果解释和评估:研究者解释数据分析与挖掘的结果,并评估其在数字化工程审计中的应用效果。可以通过与现有方法和标准进行对比,验证分析结果的准确性和实用性。

结果总结与推广:研究者总结研究结果,提出对数字化工程审计实践的建议。他们还可以讨论数据分析与挖掘在数字化工程审计中的应用潜力,并提供进一步研究和实践的方向。

企业可通过数据分析与挖掘技术和方法(如统计分析、机器学习、自然语言处理和数据可视化等)进行数据的处理和挖掘,从而提高数字化工程审计的有效性和发现潜在问题的能力。学术研究方法可以包括研究目标确定、数据采集和预处理、研究方法设计、数据分析与挖掘、结果解释和评估等步骤,以获得对工程审计数字化或数字化工程审计的深入认识,并为企业实践提供有益的建议和改进方案。

三、可视化与报告

在企业运营和技术研发的视角下,可视化与报告在工程审计数字化或数字化工程审计中扮演着至关重要的角色。它们通过图表、图形以及详尽的报告,将审计过程中的数据和分析成果以直观且易于理解的方式呈现给决策者和利益相关方。这种呈现方式不仅有助于企业深入理解和阐释审计结果,还为决策制定和问题识别提供了强有力的支持。

可视化技术的运用,涵盖了丰富的图表和图形表达如柱状图、折线图、饼图、散点图、热力图等。这些工具能够直观展示审计数据的关联性、趋势和异常点。此外,仪表盘和面板指标的设计,使关键数据和核心指标的实时状态及发展趋势一目了然,为决策者提供了迅速掌握全局和作出即时决策的能力。

在工具层面,先进的数据可视化软件如 Tableau、PowerBI 等,能够将复杂的审计数据转化为生动的图表和报表,同时提供交互式的数据探索功能。而仪表板设计工具,如 Grafana、Dundas 等,则进一步增强了数据的动态展示效果和交互操作的便捷性。

报告撰写与设计方面,精心设计的报告结构和内容至关重要,它确保了信息的清晰性、逻辑性和易读性。通过巧妙融合信息图表、文本说明和图形展示,审计报告不仅呈现了审计发现和结论,还深入解释了数据的背景、意义及其相互间的关联性,从而帮助决策者和利益相关方获得更为全面和深入的理解。

以下是一个学术研究方法的示例及其研究过程:

研究目标确定:研究者明确研究目标,例如如何通过可视化与报告提高工程审计数字化或数字化工程审计的结果传达和数据理解能力。

数据收集与分析:研究者收集数字化工程审计的数据,并进行分析,选择适当的可视化技术和工具,以及合适的报告撰写与设计方式。

可视化与报告设计:研究者设计可视化方案和报告结构,选择合适的图表、图形和仪表盘等,以展示审计数据和分析结果。

可视化与报告实施:研究者利用可视化工具或自有的开发工具,将数据转化为可视化的形式,并设计报告,将数据和分析结果进行解释和关联。

用户测试与评估:研究者进行用户测试和评估,收集用户对可视化与报告的反馈,以改进和优化设计。

结果总结与推广:研究者总结研究结果,提出对数字化工程审计实践的建议。还可以讨论可视化与报告在工程审计数字化或数字化工程审计中的应用潜力,并提供进一步研究和实践的方向。

企业可以通过选用合适的可视化技术和工具,设计直观、易懂的可视化图表、仪表盘和报告,提高工程审计数字化或数字化工程审计结果的传达和数据理解能力。学术研究方法可以包括研究目标确定、数据收集与分析、可视化与报告设计、可视化与报告实施、用户测试与评估等步骤,以获得对工程审计数字化或数字化工程审计的深入认识,并为企业实践提供有益的建议和改进方案。

四、自动化流程和工具

在企业运营和技术研发的背景下,自动化流程和工具对于工程审计数字化或数字化工程审计而言具有举足轻重的地位。这些技术和工具通过先进的技术手段和软件应用,实现了对审计流程的自动化处理和管理,旨在大幅提升审计效率、减少人为错误,并确保审计结果的准确性和一致性。

自动化流程技术的核心在于流程自动化和规则引擎的引入。通过流程建模和工作流技术,我们能够将工程审计数字化或数字化工程审计的各个环节——数据采集、处理、分析以及结果报告——纳入自动化执行的轨道,实现高效且有序的管理。同时,规则引擎的运用使得系统能够依据预设的规则和条件,自动进行决策判断和异常检测,从而显著提高了审计流程的精确度和可靠性。

在自动化工具技术方面,我们依托一系列专业工具来优化审计过程。数据抽取工具负责从多个源系统中自动抓取所需数据,实现了数据的快速收集与整合。数据处理工具,如ETL(抽取、转换和加载)软件,对获取的数据进行自动清洗、转换、集成及标准化处理,确保了数据的高质量、一致性以及良好的可用性。数据分析工具的引入,如统计分析软件和数据挖掘工具,使得审计数据的自动化分析成为可能,帮助我们揭示数据背后的隐藏模式、发展趋势以及异常状况。最后,可视化工具如仪表盘和报表工具的使用,将审计结果以直观易懂的形式呈现给决策者和相关利益方,极大地提升了审计结果的传播效果和受众理解度。以下是一个学术研究方法的示例及其研究过程:

研究目标确定:研究者明确研究目标,例如如何通过自动化流程和工具提高数字化工程审计的效率和准确性。

流程分析和设计:研究者对数字化工程审计的流程进行分析,并设计自动化流程方案。这包括流程建模、规则定义、工作流设计等。

工具选择与开发:研究者选择适合的自动化工具,如数据抽取工具、数据处理工具、数据分析工具、可视化工具等。如果没有合适的工具,还可以进行自主开发。

自动化流程实施:研究者对选定的自动化流程和工具进行实施。这包括对数据的抽取、处理、分析和报告等环节进行自动化执行和管理。

效果评估与优化:研究者评估自动化流程和工具的效果,并根据评估结果进行优化和改进。这可以基于定量和定性的评估指标,如审计效率、准确性、一致性和用户满意度等。

结果总结与推广:研究者总结研究结果,提出对数字化工程审计实践的建议。还可以讨论自动化流程和工具在工程审计数字化或数字化工程审计中的应用潜力,并提供进一步研究和实践的方向。

企业可以通过使用自动化流程技术和自动化工具(如流程自动化、规则引擎、数据抽取工具、数据处理工具、数据分析工具和可视化工具等),实现数字化工程审计流程的自动化处理和管理,提高审计效率、准确性和一致性。学术研究方法可以包括研究目标确定、流程分析和设计、工具选择与开发、自动化流程实施、效果评估与优化等步骤,以获得对工程审计数字化或数字化工程审计的深入认识,并为企业实践提供有益的建议和改进方案。

五、风险评估与预警

在企业运营和技术研发的视角下,风险评估与预警在工程审计数字化或数字化工程审计中占据着举足轻重的地位。这一过程涉及对审计数据和情境的深入评估,旨在识别潜在风险,并提前采取相应措施进行预警和管理,从而降低风险发生的可能性及其对企业造成的不利影响。

风险评估方法涵盖了多个维度。量化风险评估通过构建数学模型和运用概率统计手段,对工程审计数字化或数字化工程审计中的风险进行精确量化,如计算风险值和确定风险等级。这有助于企业明确风险的重要性和优先级,并制定针对性的管理策略。财务风险评估则借助财务分析和会计方法,深入剖析企业在工程审计数字化或数字化工程审计中面临的财务风险,包括偿债能力、盈利能力和经营稳定性等方面。技术风险评估侧重于运用技术评估和漏洞扫描等手段,全面评估信息安全风险,如网络安全威胁和数据泄露隐患。此外,组织风险评估还结合组织行为分析和管理方法,对人员和组织行为可能带来的风险进行细致评估,例如内部控制缺陷和人为操作失误等。

在风险预警技术方面,数据分析与挖掘技术的应用能够深入挖掘审计数据中的异常模式、趋势和潜在风险信号,如通过异常检测和预测分析等手段发现潜在问题。同时,智能监控与预警系统的引入,使得关键指标和风险指标得以实时监测和及时预警。这些系统通常基于机器学习和规则引擎等先进技术构建,具备高度智能化和自动化的特点,能够迅速响应并应对各种风险挑战。以下是一个学术研究方法的示例及其研究过程:

研究目标确定:研究者明确研究目标,例如如何通过风险评估与预警提高工程审计数字化或数字化工程审计的风险管理能力。

数据收集与预处理:研究者收集工程审计数字化或数字化工程审计的数据,并进行数据预处理,如数据清洗、数据整合等。

风险评估方法选择与应用:研究者选择适当的风险评估方法,并根据数据和情况进行风险评估,如量化风险评估、财务风险评估、技术风险评估和组织风险评估。

风险预警技术选择与实施:研究者选择适合的风险预警技术,并建立相应的系统和算法,对数字化工程审计中的风险进行实时监测和预警。

风险预警效果评估:研究者评估风险预警系统的效果,包括预警准确性、预警时效性、预警精确度等,并与传统方法进行对比。

结果总结与推广:研究者总结研究结果,提出对工程审计数字化或数字化工程审计实践的建议。还可以讨论风险评估与预警在数字化工程审计中的应用潜力,并提供进一步研究和实践的方向。

综上所述,风险评估与预警在工程审计数字化或数字化工程审计中具有重要作用。企业可以通过采用适当的风险评估方法和风险预警技术(如数据分析与挖掘、智能监控与预警系统等),对数字化工程审计中的风险进行评估和预警,提前采取相应的管理措施,降低风险的发生和对企业的影响。学术研究方法可以包括研究目标确定、数据收集与预处理、风险评估方法选择与应用、风险预警技术选择与实施、风险预警效果评估等步骤,以获得对工程审计数字化或数字化工程审计的深入认识,并为企业实践提供有益的建议和改进方案。

六、风险评估和控制

从企业角度来看,风险管理在工程审计数字化或数字化工程审计中起着重要的作用。风险管理是指企业对潜在风险的识别、评估、应对和监控的过程。风险管理可以概括为四部分内容,分别是风险识别、风险评估、风险应对、风险监控与报告。

风险识别:企业需要对工程审计数字化或数字化工程审计中的各种潜在风险进行全面而系统的识别。这包括技术风险(如数据泄露、系统故障)、操作风险(如人为错误、不当使用工具)和法律合规风险等。可以采用风险识别工具和技术(如风险矩阵、风险清单等)来辅助风险识别过程。

风险评估:企业需要对识别的风险进行评估,确定其严重性和影响程度。这可以通过风险评估矩阵、定性和定量分析等方法来进行。评估风险的概率和损失程度是确定优先级和采取相应风险应对措施的关键。

风险应对:根据风险评估的结果,企业需要制定相应的风险应对措施。这包括风险避免、风险转移、风险减轻和风险接受等策略。具体的应对措施可能取决于风险的类型和严重程度,如改进审计流程、增强技术安全措施、培训员工等。

风险监控与报告:风险管理是一个持续的过程,企业需要建立风险监控机制来跟踪和报告风险状态和变化。可以采用技术手段(如风险管理系统、面板指标等)来帮助监测风险指标和实时的风险信息,以便及时调整风险应对策略。

在工程审计数字化或数字化工程审计中,风险管理可以帮助企业识别和降低审计风险,确保数字化工程审计的有效性和可靠性在工程审计数字化领域,许多学者已经对风险评估和控制在相关方面进行了广泛而深入的研究。以下是几种常见的研究方法及其研究过程:

文献综述:研究风险评估和控制在工程审计数字化中的一种重要方法。通过查阅和分析大量相关文献,可以了解该领域已有的研究成果、研究空白以及未来可能的研究方向。文献综述通常分为三个步骤:确定研究问题、收集和分析文献、总结和评价。某企业在开展一项新的工程项目时,可以通过查阅和分析大量相关文献,了解工程项目中可能面临的风险因素,如施工安全、环境保护、成本控制等。同时,该企业还可以借鉴其他类似项目的成功经验和失败教训,以制定更加科学合理的风险管理策略。

定量分析:一种利用数学模型对风险进行评估和预测的方法。它可以有效地处理大规模数据,并通过对数据的深入挖掘和分析,为企业提供更精确和可靠的风险评估结果。定量分析一般包括数据收集、模型建立、模型验证和结果解释等步骤。

定性分析:主要依赖于专家判断和分析,通常用于处理那些难以量化的风险因素。例如,对于某些复杂的工程项目,可能涉及到许多无法用数字衡量的风险,如政策变化、市场需求变化等。定性分析一般包括问题定义、信息收集、风险分析、结果表述等步骤。

案例研究:一种通过对特定案例进行深入分析来评估风险和控制效果的方法。这种方法可以帮助企业了解类似项目面临的风险以及采取的应对策略,为自身项目的风险评估和控制提供参考。案例研究通常包括选择案例、收集数据、进行分析、得出结论等步骤。

综合上述内容,从企业角度出发,风险评估和控制在工程审计数字化或数字化工程审计中的科研方法和技术具有重要意义。通过运用文献综述、定量分析、定性分析和案例研究等方法,企业可以更加准确地识别和分析工程项目中存在的风险因素,并采取有效的控制措施来降低风险的影响程度。这些方法和技术不仅可以帮助企业提高工程审计的效率和准确性,还有助于推动整个工程项目的发展和创新。

七、智能决策支持

从企业角度来看,智能决策支持在工程审计数字化或数字化工程审计中起着重要的作用。在数字化工程审计中,智能决策支持需要基于可靠的数据进行决策分析。企业可以通过数据采集系统和技术手段获取与审计相关的数据。同时,对数据进行预处理,包括数据清洗、数据集成、数据转换和数据标准化等,以确保数据质量和一致性。智能决策支持通过数据挖掘和分析技术,从大量的审计数据中发现有价值的信息和模式。可以利用机器学习、数据挖掘算法等技术,进行数据模式识别、聚类分析、关联规则挖掘等,以帮助决策者快速获取关键数据和洞察。同时,还可以使用决策模型和算法来辅助决策支持。例如,可以基于专家系统、模糊逻辑、神经网络等技术,构建工程审计数字化模型或数字化工程审计决策模型,预测和评估审计风险,以及辅助决策者进行决策分析。

为了促进决策者对数据和分析结果的理解和应用,智能决策支持需要提供直观、可视化的界面和交互功能。可以采用数据可视化技术,如图表、仪表盘等,以及交互式操作方式,使决策者能够根据需求自定义查询和分析。

1. 学术角度的决策支持在工程审计数字化或数字化工程审计中的研究方法和技术

基于数据挖掘的异常检测算法:在工程审计数字化或数字化工程审计中,可以使用数据挖掘技术对审计数据进行挖掘和分析,如使用聚类算法、分类算法等来发现数据中的模式和异常情况。其中,异常检测算法可以用来检测出不符合规律的数据,如财务欺诈、违规操作等行为。通过异常检测算法的运用,可以提高审计效率和准确性。

基于机器学习的预测模型:机器学习是人工智能的一个重要分支,它可以在大规模数据中寻找规律和模式,从而实现对数据的自动化分类、预测和推荐等任务。在工程审计数字化或数字化工程审计中,可以使用机器学习算法来构建预测模型,如基于神经网络的财务预测模型等。通过预测模型的构建和运用,可以帮助企业做出科学、合理的决策。

基于数学优化的决策支持模型:数学优化是一种利用数学方法和技术,对实际问题进行优化求解的方法。在工程审计数字化或数字化工程审计中,可以使用数学优化方法来对审计数据进行优化和分析,如利用线性规划、动态规划等数学方法来优化资源配置、降低成本等。通过数学优化方法的运用,可以帮助企业实现资源的优化配置和提高效率。

2. 综合研究方法和技术

除了上述研究方法和技术,还可以结合其他研究手段,如数学建模、计算机仿真等来进一步深入探索决策支持在工程审计数字化或数字化工程审计中的应用。同时,以下是一些可能的研究方向:

结合多种数据挖掘技术的决策支持研究:考虑到单一的数据挖掘技术可能无法完全解决复杂的审计问题,可以尝试将多种数据挖掘技术(如聚类算法、分类算法、关联规则等)进行融合,多角度、多层次地分析审计数据,提高决策的科学性和准确性。

基于深度学习的预测模型研究:深度学习是机器学习的一个分支,它可以通过神经网络的学习和优化,实现对数据的深层次特征提取和分类。可以尝试将深度学习技术应用到工程审计数字化中的预测模型中,提高模型的准确性和泛化能力。

基于大数据分析的决策支持研究:在工程审计数字化中,可以利用大数据分析技术对海量的数据进行高效处理和分析,如对历史数据、实时数据等多维度进行分析。通过大数据分析技术的运用,可以帮助企业更好地把握市场动态和趋势,做出科学、合理的决策。

基于人因工程的决策支持界面设计研究:人因工程是研究人与系统之间的相互作用关系和优化设计的学科。可以尝试将人因工程理论应用到决策支持界面的设计中,从用户的角度出发,考虑界面的易用性和用户体验,提高决策支持系统的可用性和用户满意度。

综上,从企业角度的管理模式型来看,决策支持在工程审计数字化或数字化工程审计中的科研方法和技术对提高审计效率和准确性具有重要意义。通过结合数据挖掘、机器学习、数学优化等多种技术手段的综合运用,可以实现对工程审计数据的智能化处理和分析提高审计工作的质量和效率,帮助企业做出科学合理的决策推动整个行业的发展和创新。随着技术的不断进步和发展,期待决策支持在工程审计数字化或数字化工程审计领域实现更多的突破和创新,为推动我国工程审计事业的发展做出更大的贡献。

第四节　理论与实务的对比分析

虽然以上内容可以把工程审计数字化和数字化工程审计融合一起探讨,但从个别角度细分析其理论与实务,还是有些不同。

本文系统地整理了学术界和企业角度在工程审计数字化的科研方法和技术方面存在差异和不同之处,如表5-1所示,也有着相互补充和合作的可能性。通过加强交流与合作,可以促进数字化工程审计的科研方法和技术的发展与创新,为数字化时代的发展带来更多的机遇和挑战。

表5-1　学术和企业角度对应工程审计数字化的科研方法和技术

		学术界		企业角度
管理模式型	研究方法本身的创新	工程审计数字化的科研方法和技术为学术研究提供了新的方法和手段。学者可以运用数据挖掘、机器学习、人工智能等技术对工程项目进行深入分析和研究,发现新的规律和模式,推动工程审计理论的创新发展	数据采集和处理	工程审计数字化的科研方法和技术可以帮助企业高效地采集和处理工程数据,将原始数据转化为有用的信息。例如,通过数据挖掘和数据分析技术,可以利用定量方式从海量的数据中提取关键指标和趋势,用于评估工程项目的效率、质量、成本等方面
	理论的验证与改进	通过定量科研方法和技术,学术界可以对工程审计理论进行验证和改进。通过对实际工程项目数据的分析,可以验证现有理论的适用性和准确性,同时也可以提出新的理论假设和概念,并推动工程审计理论的不断完善和发展		

		学术界		企业角度	
管理模式型	数据伦理与准则	随着工程审计数字化的发展,学术界可以研究并制定数据伦理和准则,确保数据采集、分析过程中的合法性、隐私保护,以及公平性和透明度。这将提高工程审计数字化研究的可信度和社会接受度	风险评估和控制	通过数字化的科研方法和技术,企业可以实现对工程项目风险的全面评估和控制。利用数据分析工具和对比方式,可以识别风险因素并预测其影响,帮助企业制定相应的风险管理策略,提高工程项目的成功率和可行性	
	标准和准则制定	学术界可以参与制定工程审计数字化的标准和准则。通过研究和实践,学者们可以提出关于数字化工程审计的方法论、准则和最佳实践,推动审计领域的规范化和标准化,提高数字化审计的质量和可信度			
	审计人员的伦理意识和素质	在工程审计数字化过程中,需要使用和共享大量的数据。为了解决伦理和道德问题,审计人员的伦理意识和素质是工程审计数字化的重要保障,需要制定规范的数据使用和共享政策,明确数据的用途、使用范围、共享方式和责任等,提高他们的道德素质和职业操守	决策支持	工程审计数字化的科研方法和技术可以为企业提供准确、可靠的数据分析结果,用于决策支持。企业可以基于数据分析结果做出更明智的决策,降低决策风险,优化资源配置,提高工程项目的效益和利润	
	跨学科整合	学术界可以与信息技术、数据科学、工程管理等领域进行合作,共同解决工程审计数字化研究中的技术和方法问题,促进学科交叉与融合,推动工程审计研究的综合发展			
技术研发型	模型与算法开发	工程审计数字化的科研方法和技术需要可行的模型和算法来支持数据分析和决策支持。学术界可以通过开发新的模型和算法,解决数字化审计中的挑战,如复杂关系网络分析、预测模型开发等,推动工程审计科学方法的发展	自动化审计工具	工程审计数字化的科研方法和技术可以开发自动化审计工具,实现对工程项目的自动化数据收集、分析和报告生成。这样的工具能够提高审计效率,降低人工错误,并能以更快的速度提供审计结果	
	算法优化与改进	学术界可以致力于工程审计数字化中使用的算法和模型的优化与改进。通过改进算法的准确性和效率,提升数据挖掘、机器学习等技术在工程审计中的应用水平,促进工程审计科学方法的不断发展	可视化分析工具	通过数据可视化技术,可以将工程项目数据以图表、仪表盘等形式进行直观展示。这使企业能够更好地理解和解释审计结果,帮助管理层做出决策并监控工程项目的进展和绩效	

续表

	学术界		企业角度
技术研发型	数据隐私和安全保护	随着数字化技术的应用,对于数据隐私和安全的保护变得尤为重要。学术界可以研究和开发数据安全和隐私保护的方法和技术,以确保在数字化审计过程中的数据安全性和隐私保护	实时监控与预警系统	利用工程审计数字化的科研方法和技术,企业可以建立实时监控和预警系统,对工程项目的关键指标进行持续监测和分析。这样能够及时发现潜在问题,并采取相应措施,以保证工程项目的稳定和成功实施
			智能化审计系统	工程审计数字化的科研方法和技术可以支持智能化审计系统的开发与应用。通过整合人工智能、自然语言处理和机器学习等技术,企业可以建立智能审计系统,实现自动化的审计流程、智能化的风险识别和智能化的报告生成
	智能化审计系统	学术界可以研究和开发智能化审计系统,以实现工程审计的自动化和智能化。通过集成人工智能、自然语言处理和机器学习等技术,可以开发具有自动化审计流程、智能化风险识别和智能生成审计报告等功能的系统,提高审计效率和准确性	区块链技术	区块链技术可以为工程审计数字化提供安全、透明、不可篡改的数据交换和存储平台。企业可以利用区块链技术构建去中心化的审计数据共享和验证体系,确保数据的一致性和可信度,提高审计结果的准确性和可靠性
			大数据分析	工程审计数字化依赖于大量的工程数据,企业可以利用大数据分析技术对这些数据进行深度挖掘和分析。大数据分析可以帮助企业发现隐藏在海量数据中的潜在问题和趋势,提供更全面、准确的审计结果,支持决策和改进工程项目的管理

除此之外,本文认为还有两点值得注意的内容,其一,关于学术会议和期刊发表。学术界通常通过学术会议和期刊发表来交流和分享其研究成果,扩大影响力。而企业则更注重知识产权保护和商业机密保护,通常会选择内部研发或者与特定合作伙伴共享研究成果。其二,学术界通常依赖科研经费和资源来支持其研究工作,而企业则更倾向于投入实际应用和商业化运作的资源。这种差异可能会导致学术界在理论研究和基础研究方面投入更多,而企业更注重应用研究和产品开发。

然而,学术界和企业角度在数字化工程审计的科研方法和技术方面存在互补之处,如表5-2所示,双方可以相互合作、相互借鉴,共同推动数字化工程审计的发展。通过实践与理论的相互促进、技术转移和商业化运作、人才培养和交流以及资源共享和优化利用等方面的扩展,可以更好地发挥学术界和企业各自的优势,为数字化工程审计的发展注入新的动力和支持。

综合运用这些方法和技术,可以推动数字化工程审计向智能化和高效化方向发展。其前提的交叉学科的应用和数字化过程将是数字化过程是重要部分,为了提供更大的发展空间,帮助审计人员更好地理解和应对数字化工程项目中的风险和挑战。

表5-2　以学术和企业角度对应数字化工程审计的科研方法和技术

		学术界		企业角度
管理模式型	研究方法本身的创新	数字化工程审计的科研方法和技术为学术界提供了创新和拓展研究方法的机会。学者们可以开展数据分析、模拟建模、优化算法等方面的研究,以提升数字化工程审计的准确性、效率和可信度	战略规划	企业需要制定数字化审计的战略规划,明确数字化审计的目标、任务、时间表和资源投入。这个规划需要与企业的整体战略和业务目标相协调,成为企业数字化转型的重要组成部分
	理论体系的建立	通过数字化工程审计的科研方法和技术,学术界可以建立更加完善的理论体系。研究人员可以探索数字化工程审计的原理和方法,提出新的理论框架和模型,从而促进工程审计领域的学术发展	组织架构	企业需要建立适应数字化审计的组织架构,包括明确各部门的职责和协同机制,以及安排专业的人员和团队负责数字化审计工作。同时,需要制定相应的管理制度和规范,确保数字化审计工作的规范化和有效性
	数据治理与标准化	对审计数据进行治理和标准化,确保数据的质量和可用性。这包括制定数据标准、建立数据质量监控机制、数据清洗和整合等,使得数据能够更好地支持数字化审计	数据治理	数字化审计需要以数据为基础,因此企业需要建立完善的数据治理机制,包括数据质量标准、数据治理流程、数据安全保障等。通过数据治理,可以确保数字化审计数据的准确性、完整性和安全性,提高数字化审计的效率和可信度
	跨学科合作与知识共享	数字化工程审计的科研方法和技术需要跨学科的合作和知识共享。学术界可以与工程管理、计算机科学、统计学等领域展开合作研究,共同解决数字化工程审计中的技术和方法问题,推动学科的交叉与融合	风险管理	数字化审计的风险管理也是非常重要的环节。企业需要建立完善的风险管理机制,包括风险识别、风险评估、风险应对和风险监控等。通过风险管理,可以有效地控制数字化审计的风险,确保数字化审计工作的稳健性和可靠性
	评估框架和指标	学术界可以开发评估框架和指标,用于度量数字化工程审计的效果和价值。这些框架和指标能够帮助研究人员和从业者评估和比较不同工程审计方法和技术的效用,推动工程审计的性能提升	跨部门协作	加强与其他部门的协作和沟通,如财务、采购、生产等部门,建立信息共享和沟通机制。这有助于更好地理解企业的业务需求和风险点,提高数字化审计的效率和效果
	业界合作与实践验证	学术界可以与工程审计业界开展合作研究和实践验证,将理论研究与实际应用相结合。通过与实际场景的合作,学术界可以更好地理解工程审计的挑战和需求,并将研究成果转化为实际应用的解决方案	智能决策支持	数字化工程审计方法和技术可以提供智能决策支持,帮助企业管理层做出更准确和明智的决策。通过数据分析和模型建立,企业可以获得更全面和准确的信息,了解工程项目的状态和趋势,支持决策制定和资源配置

续表

		学术界		企业角度
技术研发型	数据采集和表示	在数据采集方面,研究如何从各种来源和类型的数据中提取有用信息,例如工程项目中的质量、成本、进度等数据。在数据表示方面,研究如何将复杂的数据以简单明了的方式呈现给审计人员,如利用图表、图像等形式	数据采集和处理	数字化工程审计的科研方法和技术可以帮助企业更有效地收集和处理工程项目相关的数据。通过使用自动化工具和技术,如传感器、物联网设备和数据采集系统,企业可以实时获取和存储大量的工程数据,从而为审计提供更为准确和全面的数据基础
	数据分析方法	研究各种数据分析方法,如统计分析、机器学习、数据挖掘等,以便从大量的工程审计数据中提取有用的信息和知识	数据分析与挖掘	利用数据分析技术和工具,如数据挖掘、机器学习和人工智能算法等,对采集到的审计数据进行深入分析和挖掘。通过数据分析和挖掘,可以发现数据背后的规律、趋势和潜在风险点,为审计决策提供科学依据
	数据隐私和安全保护	数字化工程审计的科研方法和技术需要解决数据隐私和安全保护的问题。学术界可以研究和开发数据加密、数据脱敏和访问控制等技术,确保在数字化审计过程中的数据安全性和隐私保护	可视化与报告	将分析结果以可视化图表、图形或报告的形式呈现,使审计结果更加直观易懂。可视化可以包括数据可视化、风险评估结果可视化、审计流程可视化等,帮助企业更好地理解数字化审计结果和发现的问题
	云计算和远程处理	通过云计算和远程处理技术,实现审计数据的集中管理和共享,提高审计工作的协同性和效率。同时,借助虚拟化技术,审计人员可以在任何时间、任何地点使用各种终端提出服务申请,节约时间,专注于自身业务	自动化流程和工具	数字化工程审计的科研方法和技术促进了审计流程的自动化。企业可以利用自动化工具和软件来执行常规审计任务,减少人工操作,提高审计效率和准确性
	人工智能和自动化	研究人工智能和自动化技术,例如自然语言处理、计算机视觉等,以便自动化部分审计流程,提高审计效率和准确性	风险评估与预警	通过建立风险评估模型和预警机制,对企业的审计数据和业务数据进行全面、实时地风险评估和预警。这可以帮助企业及时发现潜在风险和问题,并采取相应的措施进行干预和控制,降低风险带来的损失

第五节　章节结论

本章全面而深入地探讨了工程审计数字化及数字化工程审计领域的多维度科研方法,

不仅涵盖了定量研究、系统科学研究及仿真实验研究等传统方法,还引入了新兴的技术手段如区块链等,为数字化工程审计的研究提供了坚实且多元的基础。我们特别强调了跨学科合作与知识共享的重要性,因为数字化工程审计本身就是一门综合性极强的领域,它融合了信息技术、数据分析、管理学等多个学科的知识和技术。跨学科合作不仅能促进学术界与行业界的紧密互动,还能加速该领域的创新与发展,推动理论与实践的深度融合。

在科研方法创新方面,本章不仅提出了运用区块链技术提升数字化工程审计的可信性和数据安全性,还强调了结果解释与总结的重要性。区块链技术的引入,为审计数据的不可篡改性和透明性提供了技术保障,极大地提升了审计结果的可信度。同时,我们也认识到,任何新技术的应用都需要对其效果进行科学的评估。因此,本章还介绍了评估框架和指标的设计,以便系统性地评估数字化工程审计的效果、质量和绩效。

从多维度角度出发,本章详细分析了定性和定量研究方法在工程审计数字化中的应用。定性方法依赖于深入的理解和主观判断,能够深入挖掘审计对象的内在规律和特点;而定量方法则借助数学模型和统计分析,能够对审计对象进行客观、量化的研究。混合研究方法结合了定性与定量方法的优点,提高了研究的可靠性与有效性。此外,系统科学方法的引入,使得我们能够通过对复杂系统的分析,揭示其内在规律和发展趋势,为数字化工程审计的研究提供了新的视角和方法。

从学术和企业视角来看,本章分别探讨了管理模式型和技术研发型的科研方法与技术。学术角度的管理模式型侧重于通过案例分析等定性方法研究审计对象的内在规律,关注审计理论的创新和发展;而技术研发型则关注数字化审计技术的研发和应用,强调技术的实用性和创新性。企业角度的管理模式型注重数字化审计在实际项目中的应用与管理,强调审计流程的优化和审计效率的提升;技术研发型则致力于新工具的开发与算法的优化,以提高审计的准确性和可靠性。

在对比分析与总结中,本章简要对比了不同角度的科研方法和技术,指出了各自的优缺点,并提出了未来研究方向的建议。我们认识到,无论是多维度还是学术与企业角度,数字化工程审计的研究和应用都显示出相似与差异之处。相似之处在于它们都涉及多个领域的知识和技术;差异之外则体现在综合方法的应用以及侧重点和特点上。因此,在研究和应用数字化工程审计的科研方法和技术时,需综合考虑各方面因素,选择合适的方法和技术。

综上所述,本章不仅丰富了数字化工程审计的科研方法和理论体系,还为企业在实施数字化工程审计时提供了实用指导和建议,对推动该领域的创新与发展具有重要意义。

第六章 工程审计数字化和数字化工程审计的发展路径与趋势

第一节 工程审计数字化背景

随着工程项目规模扩大、涉及领域日益广泛,传统工程审计方法难以应对复杂项目需求,数字化技术的飞速发展为工程审计数字化提供了有力的支持。其一,随着大数据新技术的广泛应用,可以帮助审计人员快速收集、处理分析大量数据,保证审计数据的精准度,提高审计的准确性和可靠性。其二,数字化技术还支持建设数字化审计平台,这可以弥补审计人力资源的短缺,并实现工程审计的跟踪审计。

总的来说,随着数字化技术的持续进步,传统工程审计的技术和方法已经逐渐落后于时代的需求,工程审计数字化将成为技术更新换代的必然产物。2021 年,财政部发布了《会计改革与发展"十四五"规划纲要》,其中明确提出了积极推动审计工作的数字化转型,对数字化进程进行规范,并利用信息技术手段来拓展审计职能,以提升审计效率效果、防范金融风险。

王杰和王国立(2016)指出工程审计的现状主要集中在竣工结算审计,而忽略了审计前和施工过程中的审计。他们提出利用互联网技术将审计机关与施工企业的电子数据处理系统结合成大型计算机网络,可以实现审计对工程项目从招标到建设运营全周期的全覆盖[19]。此外,数字化技术可以帮助审计人员更好地管理和监控工程项目,从多个角度进行全面的分析和评估,确保项目的质量和效益。

背靠先进的社会制度,在新基建、超大型工程和内部审计方面颇有建树。BIM(建筑信息模型)开始应用于工程项目中,Chong 等人(2016)对澳大利亚和中国道路基础设施项目中BIM 的采用和使用的案例研究进行比较分析,提出 BIM 模型在后续开发应用中如何更有效应用在工程项目中的实质性建议[20]。曹婷(2021)在 H 项目的应用分析中,提到审计人员通过将变更信息录入 BIM 模型,自动汇总工程量,防止总承包虚报工程量,保障发包方权益,并通过实现工程量和款项的精细化和可视化,降低人工成本,审计的准确性和科学性得到了显著提高[21]。胡仙芝等人针对新基建的主要特点和规律,提出了"包容审慎监管"的原则,该原则的成功实践为新基建监管奠定了基础,为将来以区块链技术为中心,将人工智能、物联网等新技术融入"制度-效能"转化框架提供了样本[22]。Chen 等人从信息技术审计风险控制的角度提出了一种在线审计可靠性评估和预警方法,并通过一个案例分析证明了该方法的有效性、实用性和严谨性,能够评估和预警在线审计系统可靠性的变化,满足当前在线审计项目的需求[23]。Ju-Chun Yen 以中国邮政为案例,采用了 propensity score matching(PSM)方法来评估公司的财务报告质量和内部控制有效性,帮助审计师评估系统的安全性,识别潜在的风险。因为邮政系统处理的数据量巨大,审计人员通常需要借助数据分析工具完成工作。邮政行业审计工作具有复杂性和专业性,需要具备多学科知识和技能的人员来进行,因此更应重视信息安全、依赖数据分析、关注内部控制与业务流程,保持高度的严谨性和准确性[24]。众多央企根据自身行业特点进行了深入研究,为数字化审计的推行做出重大贡献。国家电网聚焦本企业业务,针对业务覆盖面广、数据结构复杂的特点对未来数字化审计发展趋势做出预测[25],结合实践经验以"前端""后端"分别建立工具的方式[26],发挥企业技术优势通过建立跨专业数据平台、开发可视化工具等方式解决专业间数据信息壁垒问题[27]。此外,通过整合数字化资源建立数字化共享审计数据中心,适应数字化浪潮,达到提升效益、降低风险的目的[28]。国内学者通过对一些企业的应用分析,可以发现 BIM 的引入有效地弥补了传统工程审计的不足。如在工程造价审计中,数字化工程审计可以通过 BIM 技术,将建筑项目的所有信息整合到一个数字模型中。审计人员可以利用这个模型进行数据分析和比对,更好地确定工程造价,并检测潜在的错误和异常。

然而,无论是从理论还是实践的角度来看,国外的 BIM 在工程中的应用理论和经验上都远远超过国内。由于政治、法律等多种因素的影响,国外鲜少有工程审计。尽管国内传统工程审计理论框架已经成熟,但随着数字化、人工智能等新兴技术的广泛应用,国内需要对传统工程审计进行改革,将工程、审计、数据科学与统计学等多个领域交叉融合,实现工程审计的数字化过程,构建数字化工程审计平台。因此,本文提出对近年来国内外有关工程审计数字化的文献进行整理归纳,梳理搭建了数字化工程审计流程框架,以其流程为文章脉络,对文献进行系统综述。这一综述有助于更好地理解工程审计数字化转型中的各模块,为构建数字化工程审计平台提供理论支持。

第二节　文献检索方法

为了更好地了解工程审计数字化转型的现状和发展趋势,笔者通过关键词及高级检索搜集了国内外相关文献。以"数字化工程审计""大数据背景""互联网+""数字化转型"等关键词在知网(高级检索学术期刊,期刊来源包括 SCI、CSSCI、北大核心、CSCD)和 Webofscience 核心合集中进行搜索,搭建出系统综述的大体框架。通过对这些文献的梳理和分析,发现工程审计数字化转型主要集中在数据采集、预处理、储存、分析和可视化等方面进行研究。之后，更换每小节的内容及更换关键词后进行搜索整理，并对所得文献进行筛选，共整理142篇文献。

第三节 数字化转型与其相关审计流程

以结果为导向来看，工程审计数字化转型的最终成果是数字化工程审计，而数字化工程审计将会以系统或者平台的方式呈现在大众面前。Li等人（2020）探讨了大数据的流动、预处理技术、大数据审计的实施过程以及大数据审计服务平台中使用的技术，强调数据分析和挖掘在审计过程中的重要性[29]。王雪荣等人（2021）基于数据是审计现有研究，结合工程审计数据特征及工程审计本身特点出发，提出了"点-线-面"数据是审计模式下大数据审计逻辑框架流程和平台构建。虽只是对工程审计数字化转型道路上的融合性探索，但对该领域的后续研究增加了边际价值[30]。祝芳芳等人（2023）根据公立医院的实际运行情况及审计工作需求，提出了一个融合大数据和规则引擎技术的数字审计平台，由数据层、服务层、应用层、接入层和用户层组成，支持预测性警报、智能审计和基于角色的访问权限[31]。在数字化审计系统或平台建设中，现在的理论大多数将大数据审计模型以大数据处理的流程或系统（平台）实际应用逻辑来构建数字化审计平台或系统，以大数据处理中数据流动的关键技术将大数据审计模型分为四部分内容，具体包括数据采集、数据储存、数据预处理、数据可视化；以系统（平台）实际应用逻辑将大数据审计模型分为四部分内容，具体包括数据基础层、平台服务层、应用层、接入层和用户层（或者是共享层）[32]。

笔者对现有大数据框架进行了系统梳理，近年来国内外学术界与实务界从大数据的角度出发，基于传统审计方法存在的问题，提出"互联网+""数字化背景下"审计的改革创新，提出了大数据审计的总体流程，并开始更加细化的对数据采集与储存、数据分析与管理、以及数据化审计平台建设等方面的深入研究。然而，对于工程审计逐步数字化的过程，尚未进行系统的整理。随着这一领域研究的深入和发展，有必要系统整理这一过程，归纳数字化工程审计的实现途径，进一步探讨学术界与实务界的研究及发展方向。笔者也从中得到一些启发。在接下来的文献综述中，笔者将带着以下几个问题出发，对工程审计数字化进行深入探讨，以期为该领域的研究提供有益的参考。

现有的大数据审计框架是否适合工程审计？

数字化工程审计系统是否能使工程审计进行实时跟踪审计？

为使工程审计进行实时跟踪审计，还需要提出哪些新的想法？

目前大数据审计面临诸多挑战，如审计人员技能不足、数据安全问题及数据采集的合法合规问题等。这些挑战是否制约了数字化工程审计系统的构建？

一、数据采集阶段

在数字经济时代,舍恩伯格认为大数据在决策数据信息方面有两个特点:一是大数据分析侧重于相关性分析而非因果分析,二是数据取样倾向于整体取样而非随机抽样[33]。陈国青等人(2021)提出了"大数据-小数据"的问题。在数据采集这一模块,由于大数据本身的特点,如海量数据来源众多、数据间关系复杂,现阶段的理论研究针对数据的来源和形式多样性,采取了不同的采集工具和技术[34]。徐超等人(2017)指出"三个集成、五个关联",大数据审计工作中要将数据、分析和审计工作三方面综合起来进行,而数据作为第一个要素需要建立有效的采集机制,规范其采集格式及要素[35]。

在大数据时代,根据数据结构的不同,可以将数据分为结构化数据、半结构化数据和非结构化数据。其中,半结构化数据并不严格遵循二维表结构的数据,如文本、HTML 等;非结构化数据则是没有固定结构和格式的数据,如图像、音频、视频等。

在整理当前理论界关于数字化转型过程中数据采集模块的相关文献时,笔者构建了一个概念图,该图对数据来源、结构分类、采集技术和工具进行描绘,如图 6-1 所示。当前,理论界在数据采集的研究中设计的技术和工具,主要关注于热点新兴技术与工具,包括但不限于 Python[36]、R 语言、AO、Oracle、SQLServer[37](支持多种数据库操作语言并提供了丰富的应用程序接口(API)和开发工具)、Selenium(用于模拟用户操作并抓取网站数据)。这些技术和工具的应用范围广泛,为数据采集提供了多种途径,帮助审计人员快速、准确地采集大量数据。赵华等人(2015)基于 Oracle 数据库,完成了一套高效的数据采集和转换系统,能够有效地提升审计人员的工作效率[38]。Colombo 等人(2016)设计了相应的数据采集仿真工具,用以分析不同的流量和调度策略,以及网络硬件情况下的系统行为,解决欧洲核子研究中心 ATLAS 探测器数据采集系统中存在的数据传输延迟问题,也为未来改进数据采集系统提供支持[39]。

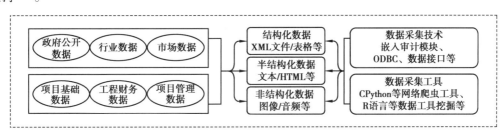

图 6-1　数据来源、结构分类、采集技术和工具

在具体案例分析研究中,徐超(2020)在以互联网金融企业专项审计案例中提及,在审计领域使用网络爬行技术进行数据收集可以提高审计数据的质量和完整性。此外,采用链接结构评价策略,以审计主题需求为引导,利用网页间的结构联系优化爬虫搜索顺序,提升数据采集质量[40]。李佳正(2022)讨论了使用网络爬虫和文本数据分析进行数据收集,使用 Python 等网络爬虫工具从第三方财经网站、政府业务网站收集数据,丰富审计数据来源,增强审计证据的可靠性[41]。

当然,国外学者 Samtani 等人(2018)基于 Shodan 搜索引擎,对数据采集设备的安全漏洞进行了评估,识别了大量 SCADA 数据采集设备的安全漏洞,发现数据采集系统并不是绝对安全的[42]。然而,随着技术的不断进步和更新,这些问题预计将逐步得到解决。例如,Lee 等人(2018)通过采用安全的数据采集和签名模块来生成元数据,这些元数据可用于流数据的完整性检查,从而有效地校验远程数据采集的完整性和有效性[43]。

二、数据预处理阶段

在审计数字化转型的进程中不再沿用传统的审计方法,而是借助先进的数据处理技术,如自动化数据清洗和数据集成技术等,对审计资料进行处理,其流程如图 6-2 所示。这种转变极大提高了审计效率,使审计人员得以从繁重的工作中解脱出来,充分发挥其主观能动性。此外,数据化工具有效地降低了人为错误的风险,使数据更加规范化和易于分析。

图 6-2 数据预处理流程

在实现工程审计数字化转型的征程中,数据处理与分析是重要的环节。通过应用大数据分析、数据挖掘、机器学习等技术,可以对采集到的海量数据进行处理和分析,发现其中的规律、趋势和异常情况。例如,可以应用机器学习算法对工程设施的运行状态进行监测和预测,识别潜在的故障风险。这样的数据处理和分析技术有助于提高审计的准确性和智能化水平,为决策提供科学依据。

在大数据时代,数据具有海量的信息规模,实现全面审计变革的同时,也带来了数据预处理的问题,如数据重复、数据冗余等;数据的快速流转性使得数据及时更新,但也带来了及时处理的问题,在产生新的数据时,旧的大数据迅速过时,此时,不仅要及时更替数据,还需要对新的数据及时处理和分析,否则会造成数据滞留;数据还具有多种类型,基于不同的数据类型,在数据采集和处理中都应该"因材施教""就事论事";数据还具有较低的价值密度,海量的数据之间存在关联性,一方面,部分数据可能指向同一种信息,另一方面,部分数据与审计主题、被审计单位相关性弱。王爱华等人(2019)将大数据活化理论引入 PPP 项目审计模型,提出根据大数据捕获系统的数据进行实时更新,实现活化细胞的分类与重组、自动处理并进行储存和替换[44]。林斌等人(2023)强调了数据预处理在大数据审计中的重要性,其目的是解决原始数据的结构差异、冗余和缺失问题,缓解"大数据-小数据"的约束,提高数据的质量和可用性,为审计决策和数据分析提供更好的支持,更有效地发现潜在问题和风险[45]。

三、数据储存阶段

在工程审计数字化转型的过程中,需要关注数据采集和数据预处理的阶段可能涉及两个过程的不同步问题,保证数据的一致性和完整性,同时针对不同的数据类型采用适用的数据存储工具,该问题在图6-2及图6-3中均有体现。此外,大量的数据被采集、处理和存储,其中可能包含敏感信息和机密数据,在进行数据存储时,需要重视数据的安全性和隐私性保护,包括对数据的加密、实施访问控制和身份认证等,遵守相关的数据隐私法规和政策,保障数据的合规性和合法性。当前,学术界在研究数据存储模块时,多数是根据数据结构的不同来选择相应的存储方式。同时,针对审计数据存储的数字化转型过程遇到的问题,结合区块链的特征,部分学者积极提出了理论解决方案。目前,所遇到的问题主要分为三类:数据合法问题、数据公正问题和数据安全问题。这些问题的解决需要我们不断探索和实践,以实现更高效、更安全的数据存储和管理。

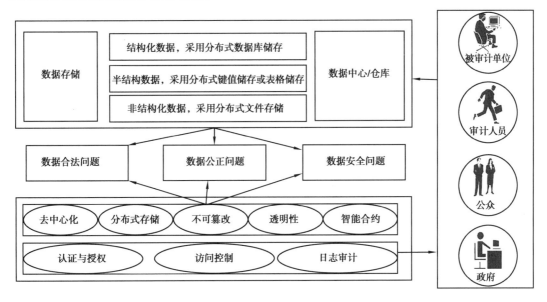

图6-3 数据储存

针对存储工具的选择问题。对于结构化数据,采用分布式数据库储存;对于半结构数据,采用分布式键值存储或表格储存;对于视频、图片等非结构化数据,则采用分布式文件存储。

针对数据存储过程中遇到的问题。张鹏等人(2023)政府审计平台构建中,采用区块链非对称加密方式对政府碳审计数据安全加密,同时运用哈希算法有效保障系统运行过程中政府碳审计数据的安全传输、读取,政府碳审计实现绿色数字化转型提供新契机[46]。孟小峰等人(2021)为解决数据非真实产生、被篡改和质量管理过程中的单点失败、严重影响数据决策的可信度等问题,提出了构建数据透明化的概念和框架,旨在增加大数据价值实现过程的透明性。通过利用区块链的特性,如去中心化、数据不可篡改及分布式等,可以有效地保护数据的隐私和安全[47]。李晓羽等人(2023)谈及区块链技术给现代审计带来新机遇,区块链的特征重新激活智能合约概念,将审计逻辑转化为计算机逻辑,提高数据可靠性,降低大数据相关性缺陷,提升审计有效性和质量[48]。张展鹏等人(2023)通过将 NFT 应用为节点DID,并基于节点身份标识构造了 DHT,设计了区块链预言机链下部分,使得数据在分布式系统中可以更加安全、可靠地存储和共享,同时,采用了经典的分布式密钥生成算法,实现了高效的密码学方案,从而大大降低了链上的运行成本[49]。

四、数据分析和可视化阶段

在工程审计数字化转型的流程中,以数据分析和可视化为主的数据驱动决策成为新的趋势,对于提高审计效率和准确性具有重要意义。在整理这一领域的相关文献中,学术界对于数据分析和可视化的研究现状运用大数据分析、数据智能挖掘、数据孪生和可视化技术,审计人员能够更准确地识别和分析潜在风险,提高审计效率和准确性。

审计实务工作中利用的数据分析和可视化工具,如 Tableau、Python 及国内开发的永洪软件,能帮助审计人员在海量复杂数据中发掘有价值的信息。通过创建柱状图、线形图、饼状图等可视化图表,审计人员能轻松发现异常领域,提升审计效率。以国网山西电力为例,其数字化审计实践显著提高了电网工程管理水平。通过数据挖掘,实现了对工程进度和库存管理的精准预警,及时整改在线审计问题,有效管控风险,实现了问题的早发现、早预警、早提醒、早纠正[50]。陈伟等人(2018)以大数据可视化分析工具 Tableau 为例,提出传统的数据审计方法无法深入挖掘审计线索的特征和分析问题规律,基于大数据可视化技术的审计线索特征挖掘有助于更好的理解数据中的规律和趋势[51]。

牛艳芳等人(2016)指出数据科学视角下的审计数据分析方法可以弥补传统计算机辅助审计工具的不足。利用统计学、计算机科学、机器学习、数据挖掘等方法,可以从复杂海量数据中高效获取有价值信息,提高审计效率和准确性[52]。如利用 R 语言等数据科学工具对工程项目的历史数据、行业数据、市场数据进行聚类分析、关联规则挖掘等,可以发现隐藏在数据中的规律和趋势,为工程审计提供有力支持。

首先,长期数据分析和趋势预测在工程审计中发挥着越来越重要的作用。通过建立大数据分析平台和趋势预测模型,审计人员可以对长期工程审计数据进行深入分析和挖掘,发现潜在的趋势和模式,为企业的长期规划和决策提供支持[53]。这种数据驱动的决策有助于提前预测和应对潜在的风险和问题,实现可持续的工程管理和优化。师博等人(2021)用核密度估计来从时间维度上考察黄河流域城市经济高质量发展指数的动态演进情况,以揭示其分布位置、形态、延展性和波峰数量等特征[54]。将该方法应用于工程审计数字化系统分析中,对数据进行动态监测和分析,有利于了解工程项目的整体状态和质量。

其次,数据智能挖掘技术如数据挖掘和机器学习算法在工程审计中的应用日益广泛。这些技术可以从庞大的审计数据中发现隐藏的模式、规律和异常情况,为审计人员提供深入的理解和洞察力。例如,利用分类算法对工程项目风险进行评估和分类,或利用聚类算法识别异常行为和异常数据,有助于提高审计的准确性和效率。张志恒等人(2017)提出,文本挖掘分析技术是审计数据挖掘的关键手段。经过文本预处理后,通过关联规则分析、文本分类、文本聚类等分析方法,可以深入挖掘和分析文本数据,从而发现数据之间的异常关系,为审计疑点和线索提供有效证据[55]。此外,结果可视化在这个过程中也至关重要,它可以帮助审计人员更直观地理解和分析挖掘结果。徐超等人(2020)指出数据挖掘方法包括数据概化、统计分析、聚类分析、关联分析、预测分析等,这些方法在审计业务中具有广泛的应用前景,可以帮助审计员更好地理解数据、发现潜在的风   析可以用于发现异常数据,关联分析可以用于发现潜在的欺诈行为   提到审计思维也将由"验证性审计"转变为"发掘型审计"发掘型审   支持审计证据的发现,增强审计证据的充分性、可靠性和相关性[48]

聚类分析方法也可以应用在风险识别与分析中,   流程逻辑图。通过前期数据预处理等工作确保输入数据的质量与   ……自然语言处理(NLP)等技术对输入数据进行特征表示,有效捕捉文本中蕴含的语义信息和潜在风险点。这一过程不仅展现了技术对复杂信息的解构能力,也体现了其在风险预警中的关键作用。进而利用机器学习算法利用超参数组合调整模型参数,精化对数据的特征表示与识别。通过构建复杂模型,对 NLP 处理后的特征向量进行深入学习,模型能够自动识别并区分不同类型的合同风险,如条款模糊、责任不明、潜在违约风险等。尤为重要的是,机器学习算法能够灵活调整模型参数,利用超参数组合优化策略,不断迭代提升模型的识别精度与泛化能力,确保风险识别的准确性与可靠性。最后,基于模型的预测结果,为每一项风险赋予量化分值,直观反映风险的大小与紧迫性。不仅帮助审计人员快速锁定高风险区域,还为他们提供了科学的决策依据,使审计决策更加精准、高效。该风险识别与分析模型具有广泛的适用性,能够无缝嵌入工程审计的全过程,覆盖从招标、合同签订到项目执行、竣工结算的每一个关键环节。以招标过程为例,模型能够敏锐捕捉到建筑合同中可能存在的风险条款,如不合理的价格调整机制、模糊的验收标准等,为审计人员提供及时的风险提示,有效防范潜在风险,保障项目的顺利进行。

此外,数据孪生技术为工程审计提供了实时数据和模拟分析工具,帮助审计师更好地理解和评估工程项目的性能和质量。通过模拟和预测产品性能,数据孪生可以提高产品质量和可靠性。此外,可视化技术使得审计人员能够更直观地理解和分析挖掘结果,为决策提供支持。Sanoran 等人(2023)讨论了用于数字孪生开发、使用虚拟工程工具进行虚拟调试,以及将 PLC 代码验证集成到数字孪生开发流程中对虚拟调试和数字孪生开发工具的评估反映了对数字工程工具进行精确评估和比较的需求[56]。在工程领域,数据孪生可以用于模拟和预测产品性能,提高产品质量和可靠性。例如,在汽车设计中,数据孪生可以帮助工程师模拟和分析车辆在不同道路条件下的性能表现,从而优化车辆设计。此外,数据孪生还可以用于生产过程的监控和优化,提高生产效率和产品质量。陈伟等人(2017)提出通过数据可视化的技术可以"洞察"被审计数据的问题,并且方便对审计数据分析,具有较好的交互性、易于使用和理解,基于数据可视化技术的审计数据分析方法可能会成为今后的主流趋势[57]。除此之外,他从信息技术审计风险控制的角度提出了一种在线审计可靠性评估和预警方法,并通过一个案例分析证明了该方法的有效性、实用性和严谨性,能够评估和预警在线审计系统可靠性的变化,满足当前在线审计项目的需求[23]。武健等人(2023)先从在理论层面,针对审计风险模式识别问题,在工程项目全生命周期数据、结算数据及审计报告数据基础上,提出了基于 PC 因果网络学习的审计风险模式识别方法,可以不依赖工作审计人员的主观经验和知识获取各个风险点之间的相互关系。此后,通过对基于国网山东省淄博供电公司中低压配电网项目数据建立因果关系网络,对比了方法的有效性和准确性。为审计风险识别工作提供新的思路[58]。

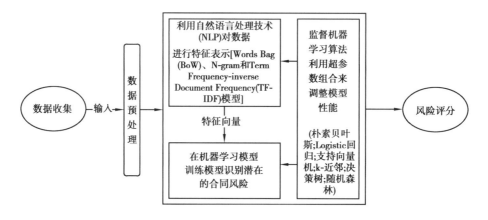

图 6-4 风险识别与分析流程逻辑图

在审计实务领域,数字化工具的应用日益普及,其在工作时间中的适配性亦成为学术界讨论的话题。国外学者 Kanyarat(Lek)Sanoran 通过半结构化访谈对泰国审计专业人员进行了调研,结果显示,从业者更倾向于在审计规划和实质性测试阶段运用数据分析工具,并坚信这些工具显著提升了审计流程的效率。然而,他们也指出,数据分析工具并不适宜用于测试内部控制或形成审计意见。一方面,大数据及数据分析工具的审计标准尚未成熟,数据的可信度不足,可能在质量、完整性和准确性方面存在缺陷;另一方面,审计意见的形成需要综合考虑多方面信息,而数据分析工具仅能对已有数据进行分析。此外,2024 年浙江省某区大数据审计中心在执行一项针对某领导人的经济责任审计时,审计人员进行数据分析时主要依赖数据库处理数据,通过比对不同数据库来识别异常情况。对于发现的异常问题,审计人员通常依据个人经验作出判断,并据此确定下一步的工作方向。值得注意的是,在该经济责任审计项目中,涉及的审计资料数字化程度较低,多数电子文档存在明显的后期制作痕迹。在审查特定经济业务时,需要追溯至推行无纸化办公的时期,相关审批资料和审计信息均集中在该区域使用的数字平台上。但由于系统平台被弃用,所有财务明细数据被释放,导致该事项取证困难,严重浪费审计资源。

在与某央企领导交流的过程中,笔者还了解到工程行业的数字化程度相当低。从上述数据分析及数据本身发现的问题可以看出,工程审计数字化的发展道路充满挑战,行业整体数字化水平亟待提高,同时,存在数字化分析工具理论与实践之间的不匹配问题。要解决这些问题,不仅需要理论的不断深化和技术的持续进步,还需要政策层面的制定和法规的完善,以提高行业的数字化水平,从而间接节省审计资源。

五、框架与讨论

笔者通过整理归纳国内学者构建一个以数据流向关键技术为框架的工程审计数字化流程图,其结构如图6-5所示。从数据结构分类、数据来源开始,基于原始数据采集,如何一步步实现数据可视化,从而发现审计疑点,发挥审计功能。

首先,在审计过程中,各种类型的信息都有可能成为审计线索,这些线索能够帮助审计人员发现可能的审计疑点并作为审计证据,使审计在保障国家经济秩序、维护财经法纪等方面发挥重要作用。然而,随着互联网、云端等新技术的广泛应用,审计的原始数据来源不再仅限于被审计单位的财务数据、管理数据等,还包括互联网以及其他渠道可获得的数据。

其次,根据数据结构的不同,将数据分为三类,分别是结构化数据、半结构化数据和非结构化数据,需要基于数据结构的不同采用不同的审计技术和工具。

再次,由于数据采集与数据预处理的速度非同步问题,采集的原始数据需要先进行储存,基于数据结构分类选用适用的储存系统。在对数据进行预处理的过程中,基于大数据的4v特征,需要对数据进行数据集成、清洗、冗余消除、质量检查等进行预处理,之后,审计主体需要基于大数据结构特征选取适用的数据存储与系统。

最后,数据库中存有的数据可以利用现有各种算法、平台、技术进行分析,基于不同结构数据采用适合的分析方法,现阶段的理论研究大多将数据分析这部分基于一些应用平台基本框架进行,如Hadoop。在工业界数据处理中,大数据生态系统Hadoop不仅支持非结构化数据的储存,而且能够共享数据、协同处理同一数据集。在该框架中,数据分析中还可以结合风险识别与分析模块进行分析,近几年陆续有研究提出了使用自然语言处理(NLP)和机器学习(ML)等技术开发的风险识别与分析模型,用于工程审计全过程审计各个环节中,如在招标过程中检测建筑合同中潜在的风险合同条款。该类模型的底层逻辑一般是使用FIDIC红皮书等指导性的一般条件作为文本数据,并使用与风险相关的关键字对数据进行标记。利用不同的机器学习算法,在检测各类审计风险。同时,一些模型预计将支持合同审查过程中的决策,并为建筑项目的合同管理提供快速有效的技术解决方案。之后将分析结果以图表、表格、地图和文件等易于理解的形式展现在审计人员面前,减少数据壁垒,更易于发现审计线索,发挥审计功能。

基于以上框架和相关文献的分析,这部分聚焦讨论对工程审计数字化转型的一些见解。

首先,现有的大数据审计框架是否适合工程审计?笔者认为大体流程可以借鉴参考,现在的研究大多数学者提出的是将大数据审计模型以大数据处理的流程或系统(平台)实际应

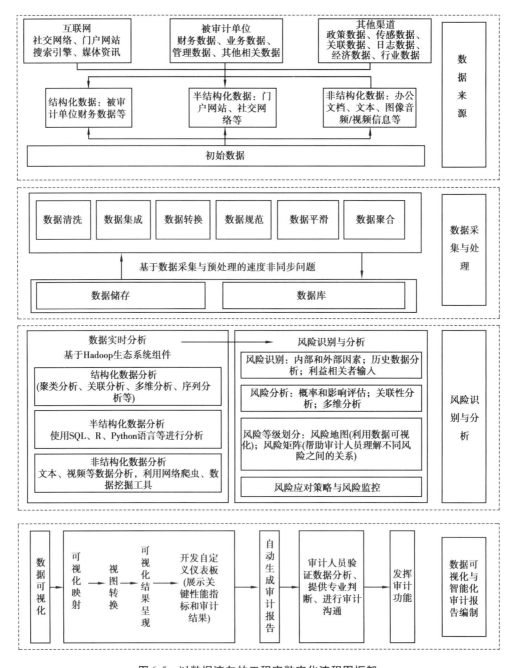

图6-5 以数据流向的工程审数字化流程图框架

用逻辑来构建数字化审计平台或系统,对各模块遇到的问题结合技术发展提出了部分解决方案,但是鲜有人基于工程审计自身特点出发调整数字化审计平台。工程审计数据与其他审计相比,涉及工程量和造价数据,专业性更强。此外,工程审计数据中审计重要且对实时性要求高,需及时获取和更新信息,便于实时监控和分析,确保审计结果的准确性和可靠性。例如,某工程需在特定点使用特定钢材并注入据还具有数据量大、涉及面广和复杂性高的特点,如不能实时跟踪审计,很难确保施工单位使用正确钢材。笔者认为工程审计数字化的结果不能脱离工程本身,无法做到完全离线审计。即在现有的流程框架中应适当实现线下审计和线上审计相结合,更好地实现人机交互。

其次,数字化工程审计系统是否能使工程审计进行实时跟踪审计?从当前的理论研究来看,工程审计还未实现实时跟踪审计,但随着科技的不断发展,交叉学科的不断发展,审计改革持续进行,是有可能实现实时跟踪审计的。实时监控和反应技术的应用对于及时掌握工程项目的状况和问题至关重要。通过应用实时监控和反应技术,可以实时获取工程设备的运行数据、工艺参数等,并进行实时分析和监测。这有助于发现潜在的问题和风险,并及时采取相应的措施进行反应和调整。实时监控与反应技术的应用可以大大缩短问题发现和解决的时间,提高审计的实时性和灵活性。

再者,为使工程审计进行实时跟踪审计,还需要提出哪些新的想法?国家大力推进交叉学科的发展,理论的提出和实务的应用是日新月异的。不同学科的理论和方法都可以尝试应用于数字化工程审计中,如元宇宙、复杂系统管理、复杂系统思维等。当前,增强虚拟审计技术的应用也逐渐成为热点,通过应用增强虚拟审计技术,审计人员可以利用虚拟现实和增强现实技术在虚拟环境中进行审计工作。例如,在虚拟环境中进行设备巡检、数据分析和模拟测试。这样的技术应用可以提高审计人员的工作效率和准确性,还减少了对实际设备的依赖和干预。

最后,目前大数据审计面临诸多挑战,如审计人员技能不足、数据安全问题以及数据采集的合法合规问题等。这些挑战是否制约了数字化工程审计系统的构建?数字化工程审计系统的构建始终是工程审计数字化转型的结果,各类问题随着时间的推移都会过时。例如,审计人员技能不足的问题,不断有文献提出审计人员应加强自身能力,各高校也在认真学习习近平总书记在二十届中央审计委员会上的第一次讲话,努力打造经济监督的"特种部队"。

当前的研究已经探讨了许多问题,但是也有很多问题没有被提及。未来应该结合工程本身、工程审计各要素的特点出发,构建出数字化工程审计平台或系统,希望本文能够为工程审计数字化转型的领域研究提供参考和借鉴。从数字化过程的角度来看,本文提出的框架还存在一些局限性。例如,工程过程进行中所需的数字化记录和管理,包括工程设计文件、施工记录、质量检测报告等。这需要各个部门之间的继续协作和信息共享,来完善此框架。另外,此综述中所分析的文章可能存在搜索采集或分析的局限性,如样本量不足和实践案例缺乏。这些局限性可能导致本文结果的不准确或偏差,未来的研究应更多地关注实证分析与实际数据的模拟和论证,对应不同企业在审计中的需求,特别是从其内部审计出发。

第四节　数字化工具在审计流程中的应用及框架

一、数字化工具在审计流程中的应用

传统的审计工作习惯于事后审计,重点在于对已有工作合法性和合规性的检查,具有阶段性和连贯性，主要对象是会计报表，与财务有强关联性，但缺乏机动性，不能对事前和事中进行控制，存在风险控制上的滞后性，对降本增效助益较少。随着数字化的推进，审计将逐渐在事前和事中发挥作用，转变观念，不断融入新兴技术，提升审计价值。

事前审计可灵活利用 BIM 等技术，由传统的发现风险转变为预测风险，有效控制风险因素的产生，对项目进行统筹规划，通过对工程项目进行模拟评估和碰撞试验来避免成本浪费和安全事故的发生。事中审计则运用大数据技术，实时跟踪项目信息变化，变现场审计为远程审计，增加审计项目的灵活性，使审计的持续性提高。Deniz Appelbau 提出实质性分析程序 SAP 可以将审计抽样转变为 100% 数据分析，这样可以提供更高效、充分和适当的审计证据[13]。但这些数据应符合怎样的"审计数据标准"，新的数据来源和测试方法是否需要新的指导方针都是未来研究需要解决的问题。利用区块链技术融入连续审计过程，审计师可以利用社交媒体、统计模型和算法应对嘈杂数据和项目反应理论影响，在持续审计的过程中，云审计技术可以有效地提高审计资源利用效率、实现数据共享、提高数据安全性，在持续审计的过程中既解放审计人员物理上的限制，又能在多人同时访问分析数据提高效率的同时保证数据的安全性。可持续性在建筑行业中的重要性以及解决可持续性问题的必要性与事中审计密切相关，因此 RodgerEdwards 建议考虑翻新项目的现行可持续性标准。事后审计则通过借助硬件和软件的进步，大量获取结构化和非结构化数据，在减少审计人员实地盘查工作的同时提高数据的完整性和可靠性。例如，使用无人机技术获取数据，结合数据分析和图像识别技术，提高审计效率和精度，这项技术要求审计员具有一定的系统集成能力以集成无人机系统与审计系统，从而实现数据的共享和整合[9]。Appelbaum 等人提出了一种基于贝叶斯后验审核模型的电子邮件交易欺诈检测方法用于评估被审计单位财务报告的真实性和准确性，并讨论了该模型在管理中的应用和影响，审计师通过运用该模型进行事后审计可以帮助审计师做出更准确的决策，从而降低资本投资的风险[59]。

二、数字化工具在审计流程中的应用问题

信息技术的不断发展推动着社会数字化进程，也为数字化工程审计提供了土壤。但技术的进步不可能一帆风顺，新的信息存储方式和审计环境的变化不仅带来了技术上的革新与挑战，也出现了新的危机和工程伦理问题。

首先，数字技术的出现可能对审计期望差距产生影响，一方面，可以产生积极影响，帮助提高审计效率和效果，增强内部控制，提高透明度和问责制；另一方面，也要考虑到数据安全和隐私保护、技术依赖和系统复杂性以及审计师经验、技能的缺乏等问题可能导致审计期望差距的扩大。目前常见缩小期望差距的方法有两种：一是采用数字技术进行有意建设性方法；二是采用除缩小期望差距外的其他数字技术进行无意建设性方法。大数据在审计环境中的应用面临诸多挑战，如信息过载、信息相关性不明显以及大数据的模糊性和不确定性，这些都可能影响审计工作的可靠性和准确性，因此需利用数据挖掘技术、信息分类体系、自然语言处理技术等辅助审计人员工作，同时可以帮助企业更好地管理和利用数据。

国外学者曾基于对 82 名美国内部审计主管和内部审计师协会成员的调查，探讨了内部

审计职能如何根据组织的数字化程度调整其活动,认为在内部审计职能中,数据分析的使用仍然有限,并且在完全利用数据分析和其他新技术的潜力方面还有改进的空间,数字化增加了内部审计师对数据分析的使用,同样这也会带来风险,因此应加强对内部审计员工数字意识和专业知识的培训,并设计硕士课程围绕数字化和 IT 技能进行开发[27]。另外数据泄露和商业秘密可能对公司的财务和经营状况产生负面影响,审计师需要对这些方面进行评估和监督,与此同时审计师还需要在评估公司的内部控制和风险管理方面发挥更加积极的作用,以确保公司采取了适当的措施来保护其数据和商业秘密。

三、数字化工具在审计流程中的应用框架

在工程规划与设计决策阶段,由决策层明确项目需求和目标,向数字化工程审计工具提出需求,以此作为之后数据处理的标准之一。数字化工具综合对项目背景、地理条件、环境因素等大量数据进行处理分析供不同阶段审计计算引擎使用,为制订设计方案提供科学依据,为决策层需求提供可靠建议。在工程设计数据采集阶段以协议对接、SDK、API 等方式收集数据,从传感器、数字监控设备、图像识别设备等硬件及 BIM、office 等软件中获取大量非结构化数据,如监控视频、文本文件、传感器数据等,从 OA 系统、ERP 系统、MRP 系统、PLM 系统等中获取结构化数据,如用户信息、审批流程、物料工艺等,通过对数据来源的筛选和控制保证了数据的可靠性、真实性和完整性。在工程设计数据处理阶段,需要采用先进的数据处理技术和方法对采集到的数据进行处理和分析,以提高数据处理效率和准确性,为可持续审计的数据对比提供服务。对数据可以采用区块链、人工智能、机器学习、OCR、自然语言处理、图像识别等技术将数据清洗分类,为审计和决策的工具提供数据支撑,工具计算得出的结果最后在展现层以可视化数据的方式体现工程整体状态和数据趋势,如图 6-6 所示。

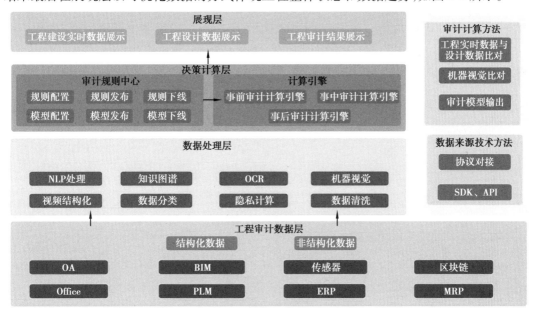

图 6-6　数字化工程审计的综合框架

第五节 章节结论

回顾近十年来各国学者在该领域的研究进展，数字化进程飞速发展，传统的审计方法已经无法满足当前数字化工程审计的需求，纵览国内外学者对数字化工程审计的研究与思考，现存的问题主要集中在数据的收集处理与业务人员的技能提升上。本章节最后提出了一个数据全流程流通的，将数字化工具融入传统工程审计的步骤中的综合框架来帮助审计人员充分利用大数据技术，以软硬件相结合的方式获取基础信息并进行预处理，从而达到扩展审计宽度、提高审计效率、保证审计质量的目的。但是，该框架的局限性，在未来的研究中，需要进一步完善和优化该框架，以更好地应对数字化工程审计的挑战，特别是以下三点。首先，该框架的使用建立在大量的数据支持之上，从不同系统获取数据并进行整合清洗以满足使用需求需要大量时间、精力。为避免审计结论出现较大偏差，框架对数据的准确性和可靠性也有一定要求，而可使用数据的具体标准还有待商讨。其次，框架对数据的使用前提是保证数据安全。数字化工程审计涉及大量敏感数据，一旦出现数据泄露或不当使用将产生不可预估的负面影响。因此，当数据在各数字化工具间流转的过程中，系统的使用者和维护者都应遵守规章，严格按照规定操作以确保数据安全、保护数据隐私。最后，框架本身也需根据技术和工具的发展不断完善。数字化技术的发展推动了数字化工具的升级换代，也要求框架随之改进和优化。为保证该框架的生命力和适应性，需建立一个完善的机制进行不断地更新维护。只有这样，框架才能迅速可靠地整合新技术，为审计工作的推进提供有力支持。

第七章 工程审计数字化和数字化工程审计的多维度案例分析

第一节 案例分析

一、工程审计数字化案例

工程审计数字化案例背景介绍:某国有石油化工企业,该企业的内部审计部门面临诸多挑战,包括审计范围广泛、审计资源有限、审计数据分散以及审计方法传统等问题,因此亟需进行数字化转型来提高审计效率。

在一次针对某分公司炼油老区结构调整提质升级项目的竣工决算审计中,该企业某审计中心共向项目所在地派出 13 名审计人员,而且由于内部审计部门的审计人员数量较少,13 名审计人员中有一半以上是向企业集团内部的其他分公司借调委任的。本次审计项目的审计目的是为通过对该分公司炼油老区结构调整提质升级项目建设程序履行、概算执行、工程进度、质量、合同、招投标、结算管理和会计核算与财务管理等环节的审计,反映项目建设情况,核实项目实际投资,揭示存在问题,查明问题原因,落实相关责任,促进企业加强管理,规范建设行为;审计范围为集团公司发展计划部同意开展分公司炼油老区结构调整提质升级项目前期工作的日期至审计日,分公司及各参建单位与项目建设、管理相关的活动。该项目的持续建设总时长在 5 年以上。

本次审计项目组长将审计人员分为两个审计小组,其中一组主要负责工程建设项目的财务及物资管理审计,另一组则主要负责项目管理审计。该企业作为本行业领域的龙头企业,在信息化、数字化的发展道路上已然有所跟进。然而在工程建设方面,尽管集团有专门的工程建设分公司,其数字化程度却只是处于中规中矩的水平,其数字化管理平台也仍在开发试验阶段。因而在本次审计项目过程中,审计人员仍需大量采用常规、传统的审计方法来完成审计工作。在本次审计过程中,审计人员主要通过资料审查与现场查证的方式搜集审计证据,其间花费了大量时间进行纸质资料审查,且将完整相关纸质资料送达审计人员所在办公地点就花费了约一周的时间,仅有部分与订立各类合同相关的资料和材料以及资金流水相关台账可以通过专门的电子信息系统进行查找,EXCEL 和 CAD 反倒似乎成为了工程审计数字化过程中最需要使用的软件工具,常伴工程审计人员左右。

尽管在项目审计过程中通过数字化技术手段已经可以帮助工程审计人员发现一些问题,但大部分问题仍是通过常规审计手段进行发现的,例如材料采购的应招未招问题、固定资产折旧计提问题、动用项目预备费未见审批程序问题以及工程公司将工程项目关键工作分包等问题的发现,皆未借助特殊的数字化审计手段。工程组一名审计人员通过监理日志发现了监理单位未经上报自主更换不在合同约定名单上的监理人员以及施工现场 HSE 管理不到位,有较多施工人员进场未经安全生产培训的问题。通过施工现场的数字化工地管理技术,可以获取施工现场的相关视频记录,以此来与监理日志中记录的问题进行一一对应,查看是否真实存在这种现象以及施工方、监理方在发现此类问题后是否进行了及时的整改。在本案例中,该企业已经能实现的建筑工程现场模型构筑效果如图 7-1 所示。

图 7-1 数字化工程建筑模型图

此外,在工程项目建设期间,该国企分公司建设了一个用于管理工程项目建设的数字化试验平台,该数字化管理平台主要应用了 BIM 技术、IoT(物联网)技术和 GIS 技术,将建设项目的管道建设结构和情况进行了清晰的可视化处理,此外管理人员可以在该平台中对具体的管道进行操作,将其与实际施工情况和施工人员信息等联系起来,也能够快速定位管道所在的地理位置,使该类型的工程项目管理变得更为便捷,在审计过程中可以考虑借助该数字化平台收集有用的信息和资料,为工程审计人员提供便利,进一步实现工程审计数字化的过程。

(资料来源:根据真实工程审计项目相关资料整理。)

二、数字化工程审计案例

数字化工程审计案例背景介绍:该案例为我国某三甲医院的扩建改造项目,涉及建设床位 1 800 张,占地面积33.2 万平方米。项目预算约 30 亿元。医院项目分为两个区域:东部和西部地区,每个区域有两层地下层和扩建5至19层。东部地区新建建筑面积27.9万平方米,而西部地区新建建筑面积5.3万平方米。本案例中,该项目实施和管理团队采用了数字化的工程管理和审计技术,以协助实施医院扩建项目的计划,组织管理,并控制质量。其中主要通过BIM技术来实现工程项目的数字化管理与审计,BIM技术可以帮助实现建筑信息的集成,从建筑的设计、施工、运行直至建筑全寿命周期的终结,各种信息始终整合于一个三维模型信息数据库中,设计团队、施工单位、设施运营部门和业主等各方人员可以基于BIM进行协同工作,有效提高工作效率、节省资源、降低成本,目前BIM技术已经成为实现工程数字化的重要技术类型之一。

在项目实施过程中,项目业主提供相关的项目信息和预算分配,并回应设计和建设团队提出的任何查询。同时,设计和建造团队负责制作各种学科的设计:建筑、结构、机械、电气和管道,以及施工。随后,成本管理团队利用设计和建造团队编制的图纸来编制预算估算、工程量清单,并执行任何其他与成本管理相关的任务。在工程造价审计过程中,可以利用数字化管理工具,将通过传统算量软件计算得出的工程量清单与通过BIM模型计算得出的工程量进行比对,找出二者的偏差,并按照更贴近实际工程施工情况的版本进行确认,能够自行识别出其中的算量差距,调整工程造价中的工程量部分,进而控制工程预算,达到工程审计的目的,实现数字化工程审计在工程造价方面的应用。

在建设项目的概算阶段,通过利用概算阶段图纸进行BIM建模及造价算量,发现图纸问题共379处,问题分为专业间图纸冲突以及图纸深度不足两类,共计核减了约600万元工程造价,占到概算校验部分总金额4.66亿元的1.3%。

在项目的预算阶段,通过数字化技术,可以在多方面帮助进行工程项目的管理和审计。其中预算阶段与概算阶段的区别主要在于模型精度更高,工程项目涉及的设计专业增加如物流、医气管线、幕墙工程等,且部分设计节点相较于概算阶段也做出了更改。基于更精细的建筑设计BIM模型,可以帮助管理者实现对于整个建设工程项目的可视化管理,完成共计32.6万 m^2 的预算阶段模型搭建,通过三维校验的方式检查发现并协调解决设计图纸的问题共1 004处,对设计图纸提出相应质疑。而后也可以借此帮助分析管线综合净高,辅助工程量校验,进行医院急诊急救动线、交通组织以及室外管线等事项的模拟及优化。

当工程项目进入施工阶段,审计人员也能够借助数字化技术完成工程跟踪审计任务。通过BIM协同管理平台,可以实现工程项目相关的文档、成本、进度、质量、安全、流程管理等功能模块,甚至能以与时俱进的App和企业微信号形式实现移动手机端的随时管控。除了对BIM模型本身的校验,跟踪审计人员也能对于工程项目的施工情况、进度款支付情况、变更签证、投资进度等情况进行实时的把控和审计,通过数字化管理的手段,在线上完成对工程项目的监管工作。审计人员则可以利用数字化技术能够大大提高工作效率,对施工过程进行全面审计。

大型建设工程项目的进度款支付管理问题一直都是审计的重点关注内容之一,涉及项目资金的使用流程与情况。在本案例中,施工单位基于BIM模型部位,通过平台定制的计量报审表、支付报审表以及支付证书等表单,发起申请流程,该过程中 BIM 协审单位在跟踪审核期间,同步对本期进度款进行提量审核。其中还具体需要做到录入实际施工时间节点,总包单位在发起进度款支付流程时,需对本期已填好实际施工时间的 BIM 模型构件绑定进度款支付流程,对于无实体模型的构件费用,则由总包单位在示意构件中挂接相关资料进行说明,经监理人员审核校验之后,BIM 协审单位根据总包发起流程时绑定的 BIM 模型构件进行提量,再综合总包挂接的无实体模型费用的相关资料,得出本期完成工程量;同步与跟审成果相互校验;最终按照合同支付条件等得出本期应付进度款。此外涉及进度款支付的另一大常见审计难点则在于变更签证方面,原理与之相同,在线上发起变更签证审核流程,将其与 BIM 模型中对应的部分进行绑定,之后同步对此次变更进行 BIM 模型的修改,而后再进行审核与归档。针对设计及施工在 BIM 平台中发起的变更流程,结合 BIM 平台资料,BIM 依据变更资料进行模型搭建,配合设计进行变更合理性分析,结合造价进行工程量审核分析,从而辅助变更签证管理,在过程中辅助控制项目成本投资。

如此一来,案例中相关的重要工程信息及数据都被统筹归纳在整个 BIM 平台和模型之中,在审计人员进行工程审计工作时,就可以通过平台中储存的各项相关工程数据对工程的造价、工期、变更签证、程序合规、资金运转等情况进行审查,同时也可以通过 BIM 模型分析可能出现的质量问题,而后专门前往现场对相应的部分进行质量检查。总体而言,能够极大提高工程审计人员的工作效率与审计精度。

在本案例中,该项目总体的初步建筑模型 BIM 效果图,如图 7-2 所示,审计人员的工作则可基于 BIM 模型的细节部分进行开展,在此基础上实现数字化工程审计。

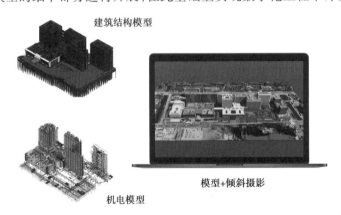

图 7-2   BIM 模型展示

(资料来源:根据真实工程审计项目相关资料整理。)

第二节   案例讨论

此章节从多个维度深入分析案例和讨论以下问题:

传统的工程审计方法有哪些弊端？是否需要跟随时代脚步进行革新？

使用计算机以及相关应用,如网页平台、企业软件等,对工程项目的信息、台账、合同和相关资料进行管理是否属于工程审计的数字化转型？

工程管理的数字化发展是否是工程审计数字化发展的前提？如不是,工程信息管理的数字化能否助力工程审计实现数字化转型？

工程审计的数字化发展是否能够切实提升工程审计人员的工作效率？

BIM 技术是否能作为数字化工程数据的核心技术之一？如能,其能在工程审计过程中提供哪些信息以及发挥哪些作用？又是否具有实际意义？

基于数字化工程数据平台及相关技术获得的数据是否可靠？工程审计人员能否仅靠数字化的信息开展审计工作,是否还有必要前往施工现场进行探查？

一、工程审计数字化的视野

该石油化工企业作为行业内的领军者,在内部审计领域面临着诸多挑战,包括审计范围广泛、审计资源有限、审计数据分散以及审计方法传统等。这些问题在其一次针对分公司炼油老区结构调整提质升级项目的竣工决算审计中尤为凸显。传统的工程审计方法,如大量依赖纸质资料审查、现场查证等,不仅耗时费力,而且效率低下。这种方式在数据处理和信息分析上存在明显弊端,容易导致信息遗漏或错误,难以全面、准确地反映项目建设情况。因此,传统的工程审计方法显然已难以满足当前复杂多变的工程项目管理需求,迫切需要跟随时代脚步进行革新,引入数字化审计技术以提高审计效率和准确性。

案例中提到,尽管该企业在信息化、数字化方面有所跟进,但在工程建设方面的数字化程度仍显不足。然而,通过专门的电子信息系统查找合同资料和资金流水台账的实践表明,使用计算机及相关应用,如网页平台、企业软件等,对工程项目的信息、台账、合同和相关资料进行管理,无疑属于工程审计数字化转型的重要一环。这些工具能够有效整合分散的数据资源,提高数据处理的效率和准确性,为审计人员提供更加便捷、高效的工作方式,从而推动工程审计向数字化、智能化方向发展。

因此,尽管工程管理的数字化发展并非工程审计数字化发展的前提,但也无疑为工程审计的数字化转型提供了有力支持。案例中,该国企分公司建设的数字化试验平台应用了BIM 技术、物联网技术和 GIS 技术,实现了工程项目建设信息的可视化管理和实时监控。这种管理方式的变革,使得工程审计人员在审计过程中能够更加方便地获取工程项目建设的全面信息,从而更加精准地把握审计重点,提高审计质量。因此,虽然工程管理的数字化不是工程审计数字化的必要条件,但其发展无疑能够助力工程审计实现数字化转型。

在工程审计中,BIM 技术可以提供详细的工程量清单、材料消耗清单、施工进度计划等信息,帮助审计人员全面了解项目建设的各个环节和细节。此外,BIM 技术还可以与物联网、GIS 等技术相结合,实现施工现场的实时监控和数据分析,为审计人员提供更加全面、准确的审计依据。因此,BIM 技术在工程审计中具有重要的实际意义和应用价值。

虽然此案例数字化程度不高,当如果有数字化工程数据平台及相关技术获得的数据,在大多数情况下是可靠的,能够为工程审计人员提供有效的审计依据。然而,数据的可靠性和完整性也取决于数据来源的准确性和完整性以及数据处理过程的规范性。因此,工程审计人员在利用数字化信息进行审计时,仍需保持谨慎态度,对数据进行充分的验证和核查。

二、数字化工程审计的视野

传统的工程审计方法主要依赖于人工审查纸质文档、计算工程量、核对造价清单等,这一过程不仅耗时耗力,且容易出错。例如,在大型医院扩建项目中,传统方法难以迅速识别设计图纸中的冲突和深度不足问题,导致后续施工阶段的频繁变更和造价失控。此外,传统审计在进度款支付和变更签证管理上也存在效率低下、监管不到位的问题。因此,传统工程审计方法已难以适应现代大型复杂工程项目的需求,迫切需要跟随时代步伐进行革新。数字化工程审计方法的引入,正是为了解决这些问题,通过运用计算机技术、BIM 技术等现代科技手段,提高审计效率,确保工程质量和成本的可控性。

使用计算机以及相关应用,如网页平台、企业软件等,对工程项目的信息、台账、合同和相关资料进行管理,无疑是工程审计数字化转型的重要组成部分。这种转型不仅使得信息的存储、检索和共享更加便捷高效,还促进了审计工作的标准化和流程化。在本案例中,通过 BIM 平台,项目业主、设计团队、施工单位、成本管理团队等各方人员能够基于统一的三维模型进行协同工作,实现了信息的实时更新和共享,大大提高了审计工作的透明度和准确性。因此,可以明确地说,使用计算机及相关应用进行工程信息的管理,是工程审计数字化转型的重要标志和有效手段。

虽然工程管理的数字化发展为工程审计的数字化提供了有力支撑,但并不意味着它是工程审计数字化发展的前提。实际上,工程信息管理的数字化本身就能为工程审计的数字化转型提供重要助力。通过数字化手段收集、整理和分析工程数据,审计人员可以更加便捷地获取所需信息,进行精准高效的审计分析。在本案例中,BIM 技术的运用不仅实现了工程管理的数字化,更为工程审计的数字化提供了强大的技术支持。BIM 模型中的数据贯穿设计、施工、运维等全生命周期,为审计人员提供了全面的工程信息,使得审计工作能够深入到每一个细节之中。

工程审计的数字化发展无疑能够显著提升审计人员的工作效率。在传统审计模式下,审计人员需要花费大量时间核对图纸、计算工程量、比对造价等,而数字化审计则能够通过自动化、智能化的手段完成这些烦琐的工作。例如,在本案例中,审计人员利用 BIM 模型进行工程量校验,能够快速识别出算量差距,并调整工程造价中的工程量部分,从而有效控制工程预算。此外,数字化审计还能够在项目的概算、预算、施工等各个阶段提供实时监管和审计服务,确保工程项目的顺利进行。这些技术手段的应用,使得审计人员能够将更多精力投入到复杂的审计分析和问题解决中,提高了整体审计效率和质量。

BIM 技术作为数字化工程数据的核心技术之一,在工程审计过程中发挥着至关重要的作用。首先,BIM 模型提供了全面的工程信息,包括建筑、结构、机电等各专业的设计数据和施工信息,为审计人员提供了丰富的审计数据源。其次,BIM 模型具有强大的可视化功能,能够将复杂的工程项目以三维模型的形式展现出来,帮助审计人员直观理解项目结构和施工情况。最后,BIM 模型还支持模拟分析和优化功能,能够模拟施工过程中的各种情况,提前发现潜在问题并进行优化调整。在审计过程中,审计人员可以利用 BIM 模型进行工程量校验、变更签证管理、进度款支付审核等工作,实现了对工程项目的全面监控和精准审计。这些功能和作用的发挥,不仅提高了审计工作的效率和准确性,还为工程项目的顺利实施提供了有力保障。

基于数字化工程数据平台及相关技术获得的数据,案例中的那些数据经过严格的采集、处理和分析过程,能够较为真实地反映工程项目的实际情况。然而,值得注意的是,数字化数据并非万无一失。在实际应用过程中,可能会存在数据误差、信息不完整或人为干扰等问题。因此,工程审计人员在开展审计工作时,不能仅依赖数字化的信息进行判断和决策,还需要结合实际情况进行现场探查和验证。通过现场探查,审计人员可以更加直观地了解工程项目的实际情况和存在的问题,从而做出更加准确和全面的审计结论。同时,现场探查也是对数字化数据的一种有效补充和验证手段,能够进一步提高审计工作的可靠性和准确性。

第三节　综合发展路径

一、工程审计数字化的角度

工程审计的数字化发展路径从根本上离不开工程领域本身的数字化发展路径,而工程领域的数字化历程可以大致分为以下几个阶段:

电子化阶段:工程领域的电子化阶段是指工程领域开始采用电子化的工具和技术进行数据处理、存储和交流的阶段。在这一阶段,传统的纸质文件和手工记录逐渐被数字化的形式取代,从而提高了工程从业人员工作的效率和可靠性。例如,CAD(计算机辅助设计)软件是建筑工程领域最早开始广泛应用的电子软件之一。CAD 软件以图形化方式帮助设计师、工程师和建筑师创建、修改和优化建筑设计和工程图纸。在过去的几十年中,CAD 软件的发展使得建筑业的设计和绘图工作从手工绘图逐渐转向电子化绘图。传统的手绘图需要耗费大量时间和精力,而 CAD 软件通过提供各种工具和功能,大大提高了设计和绘图的效率和准确性,进而也使得复杂工程的工程管理工作开始进入电子化、数字化的时代。

集成化阶段:随着信息技术的进一步发展,工程管理人员开始通过技术手段实现各个方面的集成化。这意味着不同的工程管理和审计相关功能可以在同一个平台上进行,从而实现数据的共享和协同工作。例如,项目管理软件可以同时管理进度、成本、质量和风险等信息,这些信息也能够成为工程审计人员开展审计工作的关键信息。在此阶段 BIM 技术逐渐兴起，以3S技术(GPS、RS、GIS)为核心的现代地理信息技术也逐渐成熟并应用于管理和审计工作中，工程管理的集成化管理也逐渐从理论变为实际。而随着云计算和大数据技术的兴起，工程管理逐渐实现了对大规模数据的处理和分析能力。通过云计算平台，可以实现跨地域和跨团队的协同工作，并利用大数据分析工具来挖掘项目数据中的潜在价值。可以说工程管理审计的集成化阶段，也是工程审计数字化进一步完善与发展的阶段。

智能化阶段：当前，工程管理领域正朝着智能化方向发展。工程审计智能化的阶段涵盖了数据收集与分析、智能规划与优化、自动化与机器人技术、项目监控与预警、决策支持与智能管理等关键内容，这些技术的应用可以提高工程项目管理的效率、质量，推动工程管理的智能化进程。例如，区块链技术在工程项目招投标管理中的广泛使用以及智能合约技术在工程项目款支付中的应用研究，其良好的实用效果都充分体现了智能化技术在工程管理与审计领域的巨大应用潜力。

总体而言，工程领域的数字化发展历程是从电子化到集成化，最终实现智能化的发展过程。这些技术在工程审计方面的相关应用和研究的初衷都是为了使得工程审计变得更加高效、准确和可持续。在拥有基础的技术性的支持后，如何在实践工作中使用这些信息化、数字化技术自然就成为了当下工程管理领域新一轮的难题和研究热点。就目前的工程审计数字化的发展趋势来看，BIM技术是时下辅助工程审计数字化技术研究最为可靠的工具，BIM技术与传统的CAD建模技术相比，更加精确、全面、高效。BIM技术不仅通过创建三维模型来表示建筑物的几何形状、空间关系和材料属性，还包含了建筑元素的更多信息，如尺寸、材质、造价、施工序列等，这些信息可以实时地更新和共享。BIM可以模拟建筑物在不同阶段的各种工作流程和操作，提供了更好的设计和决策依据。

二、数字化工程审计的角度

在信息化和数字化飞速发展的时代背景下，传统工程审计模式面临着巨大的挑战和变革机遇。数字化工程审计作为现代工程管理中的重要组成部分，正逐步崭露头角，其发展路径无疑将对工程项目的管理、监督及决策产生深远的影响。数字化工程审计不仅代表了工程审计行业的未来方向，还反映了技术进步与行业需求的深刻融合。通过集成大数据、人工智能、区块链等前沿技术，数字化工程审计正引领着审计实践的变革，推动着审计过程的透明化、智能化和高效化。

数字化工程审计的兴起得益于信息技术的迅猛发展。大数据分析技术使得审计人员能够从海量的工程数据中提取有价值的信息，实现对项目全过程的全面监控。人工智能技术的应用则使得审计过程中的数据处理、风险预测和决策支持变得更加精准和高效。区块链技术的引入，为工程审计提供了不可篡改的交易记录，增强了数据的可靠性和审计结果的可信度。这些技术的结合，不仅提升了审计效率，也为审计工作的透明度和公正性提供了有力保障。

然而，数字化工程审计的发展路径并非一帆风顺。它面临着技术应用与传统审计模式的融合、数据隐私保护、系统安全性等诸多挑战。在数字化转型过程中,审计人员需要不断提升自身的技术素养,适应新的审计工具和方法。同时,审计机构也需要制定相应的标准和规范,以确保数字化审计的有效性和规范性。只有在技术与管理的双重保障下,数字化工程审计才能真正发挥其应有的作用,推动工程项目的高效实施和规范管理。

综上所述,数字化工程审计的发展路径是一个充满机遇与挑战的过程。它不仅体现了技术进步对工程审计领域的深刻影响,还揭示了审计实践在新时代下的发展趋势。未来,随着技术的不断进步和审计实践的不断演进,数字化工程审计必将成为提升工程项目管理水平的重要工具,为行业的健康发展注入新的活力。

三、BIM 的重要性和角度

BIM 技术在工程管理数字化领域所能体现的主要优势在于其可以帮助实现建筑工程的数据共享,并且 BIM 技术具有较好的可视化效果,BIM 模型可以通过渲染、动画等技术实现真实的虚拟展示,帮助人们更好地理解和评估设计方案。可以说 BIM 技术实现了建筑图纸模型从平面 2D 到立体 3D 的跨越,并且还在往更高层次的 4D 甚至 5D 技术发展。BIM4D 和 5D 是 BIM 技术的进一步扩展,分别代表了建筑信息建模在时间和成本管理方面的应用,可以理解为是工程管理数字化集成化阶段的研究产物。而工程管理智能化的发展必将基于前两个阶段的基础上才能够持续稳步推进,要想建立对应的理论研究框架,应当要先了解工程管理数字化的总体发展历程,工程管理数字化的总体发展阶段大致如表 7-1 所示。

表 7-1　工程管理数字化发展阶段

顺序	发展阶段	应用技术或软件	阶段发展目标
前	电子化阶段	CAD、Revit、EDMS 等	将纸质建筑图纸或建筑工程实物转化为电子化、数字化形式以供使用
中	集成化阶段	BIM、大数据、云计算、物联网、区块链 等	实现工程建筑数据的共享,为管理者提供准确的全方位工程信息以供管理者进行决策和协同
后	智能化阶段	人工智能技术、自动化技术、智能合约 等	通过自动化和智能化的工具进一步提高数字化工程管理的效率和水平

在工程审计领域,建筑信息建模(BIM)的应用越来越受到关注,主要体现在以下几个方面:

提升审计效率:BIM 可以将项目的各个方面(包括设计、施工、材料等)整合到一个 3D 模型中,审计人员可以通过查看模型更直观地了解项目的实际情况。这种可视化的方式可以帮助审计人员更快速地识别潜在的问题和风险。

优化数据管理:BIM 模型包含大量的结构和设备信息,可以为审计提供详尽的数据支持。审计人员可以利用这些数据进行详细的对比分析,如材料使用情况、工程进度等,帮助发现不一致和潜在的违规行为。

增强透明度：通过 BIM 模型，所有相关方都可以实时查看和更新项目的状态。这种透明度有助于审计人员确保项目各阶段都符合预定的规范和标准，减少人为错误和不合规操作出现或者没被排除出来的可能性。

支持决策分析：BIM 提供的详细数据和模型可以用来进行各种分析，如成本估算、施工计划优化等。审计人员可以利用这些分析结果来评估项目的财务健康状况和施工管理的有效性。

减少现场检查需求：通过 BIM 模型，审计人员可以在虚拟环境中进行检查，这减少了现场检查的频率和相关成本，同时也降低了实际检查中可能出现的干扰和风险。例如，在一些电网工程中，由于工程审计人员不熟悉电气相关知识，对于现场检查过程中涉及的安全隐患并不了解，通过 BIM 模型则可以避免这一点。

改进沟通和协调：BIM 促进了不同部门和参与方之间的沟通与协调。审计人员可以更方便地与设计师、承包商等进行信息交流，确保所有方面的一致性和合规性，其作用可以等效于以往的建筑工程施工图纸，经过统一处理的模型，也不会引起一些不必要的误解，提升审计人员和被审计单位人员的沟通效率。

第四节　如何实现最终的数字化工程审计

基于以上案例分析，给出帮助实现数字化工程审计的一些建议：

第一，明确需求与目标。在开始数字化工程审计前，明确审计的目标和需求。这包括需要审计的工程范围、关键指标和预期成果。随着时代发展，工程审计的需求和目标也在改变和增加，除了常规的工程造价审计、工程质量审计等，与建筑工程相关的环境审计、施工安全审计、合规审计等也正在如火如荼的开展，而以不同审计目标为主导的数字化发展要点也有所区别。

第二，选择合适的数字化工具。根据审计需求选择合适的数字化工具和平台，例如审计管理软件、数据分析工具、BIM（建筑信息模型）系统等。电子信息类技术是所有行业和领域实现数字化所必须涉及的，而合适的数字化工具选择能够帮助审计人员事半功倍，协助实现与之相对应的工程审计目标。

第三，进行数据收集与整合。与建筑工程项目相关的电子信息和数据是数字化工程审计实现的基础，数据的准确度直接决定了审计质量，而为了确保审计所需的电子数据能够从各个系统和平台中收集并整合，需要使用传感器、物联网（IoT）设备和其他自动化技术等来获取实时数据，提高数据的准确性和全面性。

第四，制订数据收集和处理的标准，以确保数据的统一性和可比性。这有助于提高审计过程中的数据质量，并减少错误。例如，在案例中，BIM 软件工程量计算的标准和传统造价软件的计算标准不同,就给到了审计人员寻求突破的思路,反推之统一衡量的数据测量、收集、处理等标准,能够大大增加数据收集的质量和可靠性,从而帮助审计人员快速确认具体项目数值。

第五,实施数据分析和可视化。利用数据分析工具对收集的数据进行深入分析,可以尝试通过计算机的自动分析程序和技术帮助识别潜在的风险和问题。使用可视化工具生成易于理解的报告和图表,帮助审计人员更好地理解数据,尤其在工程审计方面,并非参与审计项目的每一位审计人员都是与建筑工程长时间打交道的人,对他们来说,高度可视化的审计数据,如建筑工程的 BIM 模型展示会极大提升他们对数字化的建筑工程项目现状的理解程度。

第六,对审计人员进行数字化工具和技术的培训,确保他们能够有效地使用这些工具进行审计工作。正所谓术业有专攻,专门的工程审计人才是必要的,数字化工具也需要人来使用才能发挥其真正的作用。

第七,建立反馈机制。工程审计的数字化转型与发展并非一朝一夕就能完成的,应当建立审计结果反馈机制,从而形成良性循环不断改进审计流程和工具,完善工程审计的数字化程度,提升数字化工程审计的效果和效率。

总体而言,在工程审计领域,数字化转型虽然前景广阔,但实现过程中面临的挑战依然严峻。技术的不断进步为审计工作提供了更高效、更精准的工具,但要充分发挥这些工具的作用,还需要克服数据标准化、系统集成、人员培训等多方面的障碍。数字化工程审计不仅仅是技术上的更新换代,更是管理理念和工作流程的深刻变革。只有在技术与实践相结合、理论与实际相辅相成的基础上,才能真正实现工程审计的数字化转型,让未来的审计工作更加高效、公正、透明。我们必须坚持不懈地推进这一进程,以应对道阻且长的挑战,为行业的可持续发展贡献力量,不能因循守旧,应当积极求变,为工程审计数字化发展推波助澜。

第五节　章节结论

通过对第七章案例的深入分析,我们深刻认识到工程审计数字化转型的迫切性与必要性。传统工程审计方法主要依赖于纸质资料审查与现场查证,这种方式不仅效率低下,且易导致信息遗漏和错误。在炼油老区结构调整提质升级项目的审计中,审计人员花费大量时间进行纸质资料审查,且大部分问题仍通过常规审计手段发现,这凸显了传统方法的局限性。同时,数字化手段的应用尚不充分,如 BIM、IoT、GIS 等技术在工程审计中的潜力尚未得到充分挖掘。因此,我们必须正视这一现状,加快工程审计的数字化转型步伐,以应对复杂多变的工程项目管理需求。

BIM 技术作为数字化工程数据的核心技术之一,在工程审计中发挥着不可替代的作用。通过构建三维数字化模型,BIM 将工程项目的建筑、结构、设备等信息集成在一起,实现了设计、施工、运维等全生命周期的信息共享和管理。在审计过程中，BIM 技术能够提供详细的工程量清单、材料消耗清单、施工进度计划等信息，帮助审计人员全面了解项目建设的各个环节和细节。此外，BIM 模型还具备强大的可视化功能，能够将复杂的工程项目以三维模型的形式展现出来，使审计人员能够直观理解项目结构和施工情况。这些功能不仅提高了审计工作的效率和准确性，还为工程项目的顺利实施提供了有力保障。无论是通过 BIM 技术实现工程项目全生命周期的信息集成，还是利用大数据分析技术对海量工程数据进行深入挖掘，都为审计人员提供了前所未有的审计依据和决策支持。第七章的案例表明，BIM 技术在工程量清单校验、施工进度监控、资金流分析等方面展现出了强大的优势，能够帮助审计人员更加精准地发现问题，实现对工程项目的全面监控。同时，数字化平台的建设也为审计人员提供了便捷的工作环境，使审计工作更加高效、便捷。

此外，数字化工程审计的发展路径应紧密结合工程领域的数字化历程，逐步实现电子化、集成化和智能化。电子化阶段实现了工程数据的数字化处理与存储，为审计工作提供了基础的数据支持；集成化阶段则通过集成多种信息技术手段，实现了工程管理各个环节的协同工作与数据共享；智能化阶段则借助人工智能、区块链等前沿技术，实现了对工程项目的智能监控与决策支持。在第七章的案例中，BIM 技术的引入正体现了从电子化到集成化再向智能化迈进的过程，也为工程审计的数字化转型提供了重要的借鉴。

基于上述分析，我们提出以下策略与建议以推动数字化工程审计的发展：第一，明确审计目标和需求，这是实现数字化工程审计的前提；第二，选择合适的数字化工具和平台，如 BIM 系统、数据分析工具等，以提高审计工作的效率和准确性；第三，建立数据标准，确保数据的统一性和可比性，提高数据质量；第四，实施数据分析和可视化，利用先进的数据分析工具对收集的数据进行深入挖掘和分析，生成易于理解的报告和图表；第五，加强审计人员的培训，提高他们的技术素养和数字化审计能力。此外，还应建立审计结果反馈机制，不断优化审计流程和工具，提升工程审计的数字化程度。总之，数字化工程审计的转型是一个系统工程，需要技术、管理、人才等多方面的共同努力和支持。只有在这样的背景下，我们才能真正实现工程审计的数字化转型，提升审计工作的效率和质量，为工程项目的顺利实施和规范管理提供有力保障。

第八章 总结与展望

第一节 主要内容回顾

在前七章中,我们探讨了工程审计数字化与数字化工程审计的基本概念、技术应用、多维度科研方法以及实践案例分析。第一章介绍了工程审计数字化的背景和意义,第二章详细阐述了工程审计数字化与数字化工程审计的概念界定,第三章探讨了工程审计数字化的技术应用,第四章分析了多维度科研方法在工程审计数字化研究中的应用,第五章通过具体案例展示了数字化工程审计在实际项目中的应用效果,第六章讨论了工程审计数字化的挑战与机遇,第七章提出了未来研究的方向和实践建议。通过这些章节的系统分析,我们为工程审计数字化的理论研究和实践应用奠定了坚实的基础。

第二节 工程审计数字化与数字化工程审计的概念界定

一、工程审计数字化的定义

工程审计数字化是指运用现代信息技术,对工程审计过程中的数据进行收集、处理、分析和报告,以提高审计效率和质量的过程。这一过程主要集中在审计流程的优化和自动化上,通过技术手段提升审计工作的效率和准确性。例如:

数据采集:通过物联网技术,如传感器和 RFID 标签,实时收集工程项目的各项数据,包括施工进度、材料使用情况、设备运行状态等。

数据存储:利用云存储技术,将收集到的数据集中存储在云端,确保数据的安全性和可访问性。

数据处理:通过大数据分析技术,对存储的数据进行深度分析,发现潜在的风险和问题。

数据传递：利用区块链技术，确保数据的透明性和不可篡改性，提高审计结果的可信度。

二、数字化工程审计的定义

数字化工程审计则更侧重于工程领域的特定应用，它不仅包括了工程审计数字化的各个方面，还涉及工程项目管理、成本控制、风险评估等特定领域的数字化实践。例如：

BIM 技术的应用：BIM（建筑信息模型）技术使得审计人员能够通过三维模型直观地理解和分析工程项目的各个方面，这种技术的应用不仅提高了审计的准确性，还大大缩短了审计周期。BIM 技术还可以与其他信息技术如 GIS（地理信息系统）和 ERP（企业资源规划）系统相结合，实现更高效的项目管理和审计。

无人机技术的应用：无人机技术的应用使得审计人员能够快速获取工程项目的现场数据，如施工现场的图像和视频，这些数据可以帮助审计人员更好地了解项目的实际情况，提高审计的效率和准确性。

虚拟现实技术的应用：虚拟现实技术允许审计人员在虚拟环境中进行模拟审计，通过虚拟环境中的交互式操作，审计人员可以更全面地了解项目的各个细节，提高审计的深度和广度。

三、工程审计数字化与数字化工程审计的对比

（一）范围和侧重点

工程审计数字化：主要集中在审计流程的优化和自动化上，通过技术手段提升审计工作的效率和准确性。

数字化工程审计：不仅包括工程审计数字化的各个方面，还涉及工程项目管理、成本控制、风险评估等特定领域的数字化实践。

（二）技术应用

工程审计数字化：主要应用大数据、云计算、人工智能等技术，提高审计数据的处理和分析能力。

数字化工程审计：除了上述技术，还广泛使用 BIM、无人机、虚拟现实等技术，提供更全面和直观的审计信息。

（三）目标和效果

工程审计数字化：主要目标是提高审计的效率和准确性，减少人工操作的误差和时间成本。

数字化工程审计：不仅提高审计的效率和准确性，还通过全面的数字化实践，优化项目管理和风险控制，提高项目的整体质量和效率。

第三节 工程审计数字化与数字化工程审计的挑战与机遇

一、挑战

在信息技术迅猛发展的今天,工程审计领域正经历着前所未有的变革。审计人员必须不断更新自己的知识体系,掌握如大数据分析、云计算、人工智能等先进技术工具,以提升对审计数据的处理和分析能力。在工程审计数字化实践中,审计人员需要确保数据的安全性和不可篡改性,以保障审计数据的透明性和可信度。而数字化工程审计则要求更进一步,除了数据安全,还要确保如 BIM 模型、无人机采集数据的完整性和准确性,防止数据被篡改或丢失。这些技术的应用不仅提高了审计的效率和质量,也为审计人员提供了更全面和直观的审计信息,使得审计结果更加可靠。

同时,工程审计数字化和数字化工程审计的发展也面临着数据安全与隐私保护的挑战。审计数据中包含的敏感信息,如财务数据、项目进度等,一旦泄露或被篡改,将对企业和项目造成严重损失。因此,审计人员必须采取有效的措施,如数据加密、访问控制和备份恢复策略,以确保数据的安全性和合规性。此外,跨学科合作在这一过程中也显得尤为重要。工程审计数字化需要信息技术、管理学和会计学的融合,以优化审计流程和提高审计效率。而数字化工程审计则需要更广泛的跨学科合作,包括工程管理、项目管理、地理信息系统等领域的知识和技术,以实现全面的数字化实践。这要求建立有效的合作机制,促进不同学科之间的资源共享和信息交换,克服协调和沟通的难度,共同推动工程审计的数字化转型。

二、机遇

数字化技术正以其独特的优势,为工程审计领域带来革命性的变革。通过应用人工智能、机器学习和大数据等技术,工程审计数字化不仅极大提高了审计工作的效率和准确性,还减少了人工操作的误差和时间成本。审计人员现在能够远程获取现场数据,利用无人机和虚拟现实技术进行模拟审计,这些创新实践不仅提高了审计的灵活性和响应速度,还为项目管理和风险控制提供了全新的视角和方法。

进一步地,数字化工程审计通过 BIM、无人机、虚拟现实等技术的应用,不仅提升了审计效率和准确性,还提供了更全面和直观的审计信息。数字孪生和虚拟仿真技术的应用,使得审计人员能够在计算机环境中模拟工程项目的全生命周期,提前发现并解决潜在的管理风险和问题。这种技术的应用,优化了项目管理和风险控制,提高了项目的成功率和投资回报率,同时也为项目管理者提供了科学的决策依据。

最后,工程审计数字化还通过建立数字化审计平台,促进了跨部门的协作和信息共享。这种平台的建立,使得不同部门可以实时访问和共享审计数据,提高了数据的利用率和价值。跨部门合作机制的建立,不仅加强了部门间的交流和合作,还提高了审计工作的协同性和效率。数字化工程审计通过 BIM 平台和其他数字化工具的应用,实现了更全面的信息共享和协作,从而提高了项目的整体管理水平和审计效率。这些进步不仅加强了审计工作的全面性和深度,还为工程审计领域的发展提供了新的动力和方向。

三、重要启示提炼

工程审计数字化正通过应用大数据、云计算、人工智能等现代信息技术显著提升审计工作的效率和准确性。这些技术使审计人员能够快速处理和分析大量数据,发现潜在的风险和异常,同时实现远程审计,增强审计的灵活性和响应速度。例如,无人机技术的应用让审计人员能够迅速获取工程项目现场数据,而虚拟现实技术则允许在虚拟环境中进行模拟审计,提供了更全面和直观的审计信息。

随着区块链技术的引入,工程审计数字化进一步提升了审计数据的透明性和不可篡改性,从而极大提高了审计结果的可信度。区块链的去中心化和分布式特性确保了审计数据的安全性和完整性,防止数据被篡改或伪造。智能合约的应用使审计流程和报告生成机制实现透明化和自动化,增强了审计结果的公信力和权威性。

数字化工程审计通过数字孪生和虚拟仿真技术,为项目管理提供了全新的视角和方法。在计算机环境中模拟工程项目的全生命周期,审计人员能够提前发现并解决潜在的管理风险和问题,实现项目管理的优化与改进。数字孪生技术实时监测项目进度和质量,及时发现潜在风险点,为项目管理者提供科学的决策依据。虚拟仿真技术模拟不同情景下的项目运行情况,帮助审计人员评估项目的可行性和风险,提高项目的成功率和投资回报率。

工程审计数字化还通过建立数字化审计平台,实现审计数据的实时共享与智能分析,促进了跨部门的协作和信息共享。统一的数据平台使不同部门能够实时访问和共享审计数据,提高数据的利用率和价值。跨部门合作机制的建立,加强了部门间的交流和合作,提高了审计工作的协同性和效率。财务、采购、生产等部门共同参与审计过程,共享审计结果,提高了审计工作的全面性和深度。通过 BIM 平台和其他数字化工具的应用,实现了更全面的信息共享和协作,提升了项目的整体管理水平和审计效率。

第四节　理论和实践中不同的发展趋势及展望

一、理论研究的发展趋势

工程审计数字化和数字化工程审计的理论研究正朝着跨学科融合的方向发展。未来的研究将探索管理学、会计学、信息系统等多个学科的交叉点,以创新工程审计的理论基础。例如,研究者可能会将组织行为学与财务审计理论相结合,探讨数字化审计如何影响组织行为和财务绩效。同时,数据管理理论与项目管理理论的结合将为数字化技术在工程审计中的应用提供新的视角和方法。为了促进这种跨学科融合,建立跨学科研究平台和定期的学术交流活动显得尤为重要。这些平台和活动将促进不同学科间的交流与合作,推动理论和实践的共同进步。此外,理论研究也将加强对动态适应性的研究,以探索工程审计数字化在不同环境和条件下的适应性和优化路径。这包括对不同地域、行业、企业规模的审计应用效果的研究,以及在不同技术条件下的适应性分析。通过建立动态研究机制和定期更新研究内容,可以确保研究的时效性和实用性,从而为工程审计数字化提供持续的理论支持。

在风险管理与控制方面,未来的理论研究将更加注重数据安全和隐私保护问题。研究者将探索有效的数据加密和访问控制机制,以确保审计数据的安全性和合规性。同时,技术风险和操作风险的研究将提出有效的风险识别、评估和控制策略,提高审计的可靠性和安全性。建立风险管理体系和定期进行风险评估和控制,将有助于确保审计的可靠性和安全性。这些研究将为工程审计数字化提供坚实的理论基础,并指导实践中的应用。

二、实践应用的发展趋势

在实践应用方面,工程审计数字化和数字化工程审计将进一步深化技术应用,探索更多前沿技术在工程审计中的应用。例如,人工智能技术的利用将自动化部分审计流程,提高审计效率和准确性;区块链技术将提升审计数据的透明性和不可篡改性;物联网和大数据技术将提高数据收集和处理的效率。为了提高技术应用的效果,建立技术应用平台和提供技术支持和培训是关键。这些平台将促进技术的广泛应用,并为审计人员提供必要的技能培训。

数据管理的优化也是未来实践应用的一个重要方向。建立健全的数据管理制度,确保数据的安全性和合规性,是工程审计数字化的关键。研究如何建立数据安全和隐私保护机制,以及数据共享机制,将提高数据的利用率和价值。数据管理平台的建立将提供技术支持和培训,促进数据的全面管理和利用。此外,流程优化的推进将优化工程审计流程,提高审计工作的智能化和自动化水平。利用人工智能技术自动化部分审计流程,以及优化审计流程,将提高审计效率和准确性。流程优化平台的建立将提供技术支持和培训,促进流程的全面优化和改进。

国际合作的加强将为工程审计数字化和数字化工程审计的实践应用带来全球视角。通过建立国际间的合作机制和交流平台,可以共享最佳实践和经验,推动工程审计数字化的全球发展。引进国际先进的技术和方法,将提高工程审计数字化的水平和效果。国际合作平台的建立将提供技术支持和培训,促进国际交流与合作。这些国际合作将有助于共享知识、技术和经验,加速工程审计数字化的全球发展。

三、未来展望

随着大数据、云计算、人工智能等技术的不断进步,工程审计数字化和数字化工程审计正迎来前所未有的发展机遇。这些技术不仅极大提升了审计工作的效率和准确性,还推动了审计流程的自动化和智能化,使得审计人员能够更加深入地分析数据背后的规律和趋势。例如,大数据技术能够快速处理海量数据,揭示潜在的风险点;云计算提供了强大的数据存储和计算能力,使得审计数据能够实时共享和智能分析;人工智能技术,尤其是自然语言处理和计算机视觉,自动化了部分审计流程,提高了审计的效率和准确性。这些技术的应用不仅优化了项目管理和风险控制,还促进了跨部门的协作和信息共享,提高了项目的协同性和效率。

工程审计数字化和数字化工程审计的发展为整个工程项目的健康、可持续发展提供了有力支持。通过数字化技术的应用,工程项目可以实现全生命周期管理,提升项目质量和效率,降低项目风险和成本。此外,数字化审计实践还促进了不同部门间的合作,如财务、采购、生产等部门共同参与审计过程,共享审计结果,从而提高了审计工作的全面性和深度。国际合作的加强也为工程审计数字化带来了新的机遇,通过共享最佳实践和经验,推动了全球工程审计数字化的发展。

未来,工程审计数字化和数字化工程审计的实践应用将进一步深化技术应用,优化数据管理,推进流程优化,并加强国际合作。这些努力将推动审计行业在数字化时代实现更加高效、准确和安全的审计服务。随着技术的不断发展和应用场景的不断扩大,我们可以期待工程审计数字化在提高审计质量、促进项目管理优化、加强风险控制等方面发挥越来越重要的作用,为工程项目的成功实施提供坚实的保障。

参考文献

［1］魏明,邱钰茹. 国家审计模式国际比较:基于国家治理视角［J］. 财会通讯,2014(13): 121-122.

［2］刘艳红,黄雪涛,石博涵. 中国"新基建":概念、现状与问题［J］. 北京工业大学学报(社 会科学版),2020,20(6):1-12.

［3］TANG J L,KARIM K E. Financial fraud detection and big data analytics-implications on audi- tors' use of fraud brainstorming session［J］. Managerial Auditing Journal,2019,34(3): 324-337.

［4］HAAPAMÄKI E,SIHVONEN J. Cybersecurity in accounting research［J］. Managerial Auditing Journal,2019,34(7):808-834.

［5］UKPONG E G,UDOH I I,ESSIEN I T. Artificial intelligence:opportunities,issues and appli- cations in banking,accounting,and auditing in Nigeria［J］. Asian Journal of Economics,Busi- ness and Accounting,2019:1-6.

［6］武晓芬,田海洋. 智慧社会治理下的人工智能审计平台构建研究［J］. 西安财经学院学 报,2019,32(3):17-22.

［7］MUGWIRA T. Internet related technologies in the auditing profession:A WOS bibliometric re- view of the past three decades and conceptual structure mapping［J］. Revista de Contabilidad,2022,25(2):201-216.

［8］汪芳. 大数据环境下全息交互智慧审计体系研究:以中国移动为例［J］. 财会通讯,2022 (17):148-152.

［9］EDWARDS R E,LOU E,BATAW A,et al. Sustainability-led design:Feasibility of incorpora- ting whole-life cycle energy assessment into BIM for refurbishment projects［J］. Journal of Building Engineering,2019,24:100697.

［10］林鸣,等. 港珠澳大桥岛隧工程项目管理探索与实践［M］. 北京:中国建筑工业出版

社,2019.

[11] 江其玫,赵梓渊. IPA审计机器人生态平台构建研究[J]. 中国注册会计师,2022(4): 43-46.

[12] JORDAN M I,MITCHELL T M. Machine learning:Trends,perspectives,and prospects[J]. Science,2015,349(6245):255-260.

[13] APPELBAUM D,KOGAN A,VASARHELYI M A. Big data and analytics in the modern audit engagement:Research needs[J]. Auditing:A Journal of Practice & Theory,2017,36 (4):1-27.

[14] YESMIN T,CARTER M W. Evaluation framework for automatic privacy auditing tools for hospital data breach detections:A case study[J]. International Journal of Medical Informatics,2020,138:104123.

[15] 师文,陈昌凤. 全球智能传播研究2023年热点议题:算法审计、算法文化与算法话语 [J]. 全球传媒学刊,2024,11(1):106-121.

[16] 塔娜,林聪. 点击搜索之前:针对搜索引擎自动补全算法偏见的实证研究[J]. 国际新闻 界,2023,45(8):132-154.

[17] IERACITANO F,VIGNERI F, COMUNELLO F. 'I'm not bad,I'm just...drawn that way':Media and algorithmic systems logics in the Italian Google Images construction of (cr)immigrants' communities[J]. Information,Communication & Society,2024,27(2): 386-405.

[18] EKSTRÖM A G,MADISON G,OLSSON E J,et al. The search query filter bubble:Effect of user ideology on political leaning of search results through query selection[J]. Information, Communication & Society,2024,27(5):878-894.

[19] 王杰,王立国. 我国"互联网+工程审计"实现路径探究[J]. 财务与会计,2016(16): 45-46.

[20] CHONG H Y,LOPEZ R,WANG J,et al. Comparative analysis on the adoption and use of BIM in road infrastructure projects[J]. Journal of Management in Engineering ,2016,32 (6):05016021.

[21] 曹婷. BIM在建筑施工企业工程审计中的应用[J]. 建筑经济,2021,42(7):59-62.

[22] 胡仙芝,刘海军. 包容审慎监管:论新基建监管框架构建的过渡性和开放性[J]. 社会科 学文摘,2022(3):88-90.

[23] CHEN W,SMIELIAUSKAS W,LIU S F. Study on the reliability assessment and early-warning method of online auditing based on the perspective of IT control[J]. Grey Systems: Theory and Application,2021,11(3):484-497.

[24] NI Y L,SUN B L, WANG Y C. Blockchain-based BIM digital project management mechanism research[J]. IEEE Access,2021,9:161342-161351.

［25］YEN J C,LIM J H,WANG T W,et al. The impact of audit firms'characteristics on audit fees following information security breaches［J］. Journal of Accounting and Public Policy, 2018,37(6):489-507.

［26］孙爽,李峥,高洪芳,等.电网企业数字化审计发展趋势探究［J］.当代会计,2019(20): 98-99.

［27］雷莉萍,吴晓斌,张瑞,等.电网企业"大后台+强前端"工程数字化审计应用研究［J］. 中国内部审计,2021(5):18-23.

［28］刘秋英,丘晓峰.基于大数据分析下基层电网企业内部经济责任数字化审计思路分析 ［J］.财务与金融,2021(5):38-41.

［29］LI L H,FENG Y,LI L. Big data audit based on financial sharing service model［J］. Journal of Intelligent & Fuzzy Systems,2020,39(6):8997-9005.

［30］王雪荣,侯伟龙,虎祎笑.大数据智慧工程审计平台构建:基于"点—线—面"思维的数 据式审计模式［J］.财会月刊,2021(17):92-97.

［31］祝芳芳,操礼庆,程敏,等.高质量发展背景下公立医院数字化审计平台建设与应用 ［J］.中国卫生经济,2023,42(10):80-84.

［32］刘国城,王会金.大数据审计平台构建研究［J］.审计研究,2017(6):36-41.

［33］迈尔-舍恩伯格库克耶.大数据时代:生活、工作与思维的大变革［M］.盛杨燕,周涛, 译.杭州:浙江人民出版社,2013.

［34］陈国青,张瑾,王聪,等."大数据—小数据"问题:以小见大的洞察［J］.管理世界, 2021,37(2):203-213.

［35］徐超,吴平平.浅析各国大数据审计工作现状:基于世界审计组织大数据工作组第一次 会议的研讨结果［EB/OL］.2017-06-01.

［36］张露.网络爬虫技术在大数据审计中的应用［J］.合作经济与科技,2019(7):190-192.

［37］PHILIP CHEN C L,ZHANG C Y. Data-intensive applications, challenges, techniques and technologies:A survey on Big Data［J］. Information Sciences,2014,275:314-347.

［38］赵华,闵志刚.Oracle 审计数据的采集与转换［J］.审计与理财,2015(3):17-18.

［39］COLOMBO T,FRÖNING H,GARCÌA P J,et al. Optimizing the data-collection time of a large-scale data-acquisition system through a simulation framework［J］. The Journal of Supercomputing,2016,72(12):4546-4572.

［40］徐超.大数据背景下审计数据采集技术与方法的研究:以互联网金融企业专项审计为 例［J］.会计之友,2020(19):114-119.

［41］李佳正.基于数据仓库技术的大数据审计方法研究［J］.中国注册会计师,2022(2): 66-68.

［42］SAMTANI S,YU S,ZHU H Y,et al. Identifying SCADA systems and their vulnerabilities on the Internet of Things:A text-mining approach［J］. IEEE Intelligent Systems,2018,33(2): 63-73.

［43］LEE K M,LEE K M,LEE S H. Remote data integrity check for remotely acquired and stored stream data［J］. The Journal of Supercomputing,2018,74(3):1182-1201.

［44］王爱华,马晓泓. PPP 项目大数据审计模型构建［J］. 财会月刊,2019(3):116-124.

［45］林斌,林红,孟小涵,等. 基于大数据驱动范式的政策跟踪审计模型及其应用研究［J］. 审计研究,2023(1):17-26.

［46］张鹏,呼瑞雪. 基于区块链技术的政府碳审计平台构建与应用［J］. 财会通讯,2023(19):126-131,137.

［47］孟小峰,刘立新. 基于区块链的数据透明化:问题与挑战［J］. 计算机研究与发展,2021,58(2):237-252.

［48］李晓羽,唐嘉尉. 注册会计师审计模式变更:基于大数据背景的研究综述［J］. 重庆大学学报(社会科学版),2023,29(4):91-100.

［49］张展鹏,李可欣,阚海斌. 基于去中心化身份的开放区块链预言机方案［J］. 计算机研究与发展,2023,60(11):2489-2503.

［50］雷莉萍,吴晓斌,张瑞,等. 电网企业"大后台+强前端"工程数字化审计应用研究［J］. 中国内部审计,2021(5):18-23.

［51］陈伟,居江宁. 基于大数据可视化技术的审计线索特征挖掘方法研究［J］. 审计研究,2018(1):16-21.

［52］牛艳芳,邓雪梅,陈伟. 数据科学工具之 R 语言在审计数据分析中的应用探索［J］. 中国注册会计师,2016(9):93-97.

［53］徐超,陈勇,葛红美,等. 基于大数据的审计技术研究［J］. 电子学报,2020,48(5):1003-1017.

［54］师博,何璐,张文明. 黄河流域城市经济高质量发展的动态演进及趋势预测［J］. 经济问题,2021(1):1-8.

［55］张志恒,成雪娇. 大数据环境下基于文本挖掘的审计数据分析框架［J］. 会计之友,2017(16):117-120.

［56］SANORAN K,RUANGPRAPUN J. Initial implementation of data analytics and audit process management［J］. Sustainability,2023,15(3):1766.

［57］陈伟,WALLY S. 大数据环境下基于数据可视化技术的电子数据审计方法［J］. 中国注册会计师,2017(1):85-89.

［58］武健,曹丽霞,王晓军,等. 基于因果网络学习的工程项目审计风险识别与应用［J］. 财会通讯,2023(5):129-134,176.

［59］APPELBAUM D,NEHMER R A. Using drones in internal and external audits:an exploratory framework［J］. Journal of Emerging Technologies in Accounting,2017,14(1):99-113.